PHILOSOPHES ET PENSEURS

Jean DIDIER

John LOCKE

BLOUD & Cie

S. et R. 596

BLOUD et Cie, Éditeurs, 7, place Saint-Sulpice, PARIS-6e

PHILOSOPHES ET PENSEURS

Volumes in-16. — Prix de chaque vol. 0 fr. 60

Aristote, par P. ALFARIC, professeur au grand séminaire de Bordeaux (*337*).............. 1 vol.
Buchez, par M. CASTELLA (*582*). 1 vol.
Auguste Comte, sa vie et sa doctrine, par Michel SALOMON (*255*)............... 1 vol.
Cournot, par F. MENTRÉ, professeur de philosophie (*440*). 1 vol.
Darwin (Ch.), par Émile THOUVEREZ, professeur à la Faculté des lettres de Toulouse (*438-439*). 2 vol.
Épicure et l'Épicurisme, par Henri LENGRAND, professeur de philosophie (*389*)......... 1 vol.
Fichte (J. G.), par Eugène BEURLIER, professeur agrégé de philosophie (*332*).............. 1 vol.
Fourier (Ch.), ses idées morales et sociales, par le docteur Albert LAFONTAINE (*sous presse*). 1 vol.
Galilée, par le baron CARRA DE VAUX (*503*)............... 1 vol.
Gobineau, par A. DUPRÉCHOU, professeur à l'Institut catholique de Toulouse (*412*)......... 1 vol.
Herbert Spencer, par Émile THOUVEREZ, professeur à la Faculté des lettres de Toulouse (*331*). 1 vol.
Jouffroy (Th.), par Michel SALOMON (*413*)................. 1 vol.
Kant (E.), par Eugène BEURLIER, agrégé de l'Université (*236*) 1 vol.
Leibniz, par le baron CARRA DE VAUX (*422*)................ 1 vol.
Léonard de Vinci, par le baron CARRA DE VAUX (*573*)... 1 vol.
Newton, par le baron CARRA DE VAUX (*437*)............... 1 vol.
Philon-le-Juif, par M. LOUIS. (*594*)....................... 1 vol.
Renouvier, par Paul ARCHAMBAULT (*Sous presse*)..... 1 vol.
Socrate, par Georges CHANTILLON, licencié ès lettres et en philosophie (*468*)............... 1 vol.
La Philosophie grecque avant Socrate, par Albert LECLÈRE, docteur ès lettres, professeur agrégé à l'Université de Berne (*480-481*).............. 2 vol.
Benoît Spinoza, par Ph. BOREL (*595*)....................... 1 vol.
Stuart Mill, par Émile THOUVEREZ, professeur à la Faculté des lettres de Toulouse (*362*). 1 vol.
Taine (H.), par Michel SALOMON, (*210*)....................... 1 vol.
Les Idées morales de Chateaubriand, par Maurice SOURIAU, professeur à la Faculté des lettres de Caen (*525*).... 1 vol.
Les Idées morales de Cicéron, par A. DEGERT, docteur ès lettres, lauréat de l'Académie des Sciences morales et politiques (*415*).................. 1 vol.
Les Idées morales d'Homère, par Eugène BEAUPIN (*490*).
Les Idées morales d'Horace, par Victor GIRAUD, professeur à l'Université de Fribourg (*451*). 1 vol.
Les Idées morales de Lamartine, par Jean DES COGNETS (*514*)....................... 1 vol.
Les Idées morales de Mme de Sévigné, par J. CALVET, agrégé des lettres (*416-417*).... 2 vol.
Les Idées morales de Sophocle, par A. DUPRÉCHOU, professeur à l'Institut catholique de Toulouse (*414*)........... 1 vol.
Les Idées morales de Mme de Staël, par Maurice SOURIAU, professeur à l'Université de Caen (*555-556*)........... 2 vol.
Les Idées morales de Victor Hugo, par Maurice SOURIAU, professeur à la Faculté des lettres de Caen (*484*).... 1 vol.

DEMANDER LE CATALOGUE

Philosophes et Penseurs

JOHN LOCKE

par

Jean DIDIER

PARIS
LIBRAIRIE BLOUD & Cie
7, PLACE SAINT-SULPICE, 7
1 ET 3, RUE FÉROU — 6, RUE DU CANIVET

1911

Reproduction et Traduction interdites.

PRÉFACE

« Locke, a écrit Hamilton, est de tous les philosophes le plus concret et le plus ambigu, vacillant, divers et même contradictoire. » Il s'était proposé de répondre aux deux plus graves questions de la philosophie théorique : origine des idées, légitimité de la connaissance. Le problème était nouveau : la langue anglaise n'était point préparée à y répondre et la pensée philosophique moderne commençait de s'éveiller. Nous nous efforcerons de synthétiser, beaucoup plus que de systématiser, une doctrine qui ne pourrait être réduite en système que par une déformation historique. Relativement aux idées, nous suivrons de près l'ordre de l'auteur lui-même ; nous n'avons pu le faire ailleurs. Nous respecterons, autant que possible, les expressions et le style de la traduction classique de Coste (que l'auteur a connue), malgré les enchevêtrements de la pensée, les lourdeurs et les surcharges de la phrase. N'était-ce pas la meilleure façon de produire une impression exacte de cette philosophie ?

JOHN LOCKE

Vie et Ouvrages

John Locke naquit le 29 août 1632, près de Bristol. Son père, avocat, se fit capitaine en 1648, au service du Parlement contre Charles I*er* ; la guerre civile le ruina. John fut six ans (1646-1652) à l'école de Westminster, puritaine et révolutionnaire. L'enseignement y était tout verbal, limité aux langues mortes, latine et grecque. La science était puisée principalement dans Aristote, l'histoire surtout dans Florus. En 1652, Locke devient professeur à Oxford. Tandis que le platonisme renaissait à Cambridge, Oxford demeurait fidèle à l'aristotélisme.

Cependant, les anciennes doctrines étaient menacées. Bacon et Hobbes avaient publié : l'un, le *Novum organum* en 1620 ; l'autre, le *Traité sur la nature humaine* en 1642, le *Léviathan* en 1651. Si l'esprit baconien commençait à inspirer la science, le nom de Hobbes paraissait alors tout proche de celui de Spinoza : aussi Locke veut-il ne lui rien devoir. Hobbes ne prévalut guère en Angleterre que vers 1680. Quant à Descartes, son influence, ressentie déjà à Cambridge, ne s'imposa jamais à Oxford. Ce fut toutefois la lecture de Descartes qui éveilla la pensée philosophique chez le jeune Locke, vers 1659.

D'autres influences s'exercèrent alors sur lui. Voulant être médecin, il connut en ami Boyle et Sydenham. Boyle, fondateur de la chimie moderne, baconien et mécaniste, pratique la méthode expérimentale, observe les réactions naturelles, à l'encontre des alchimistes, dont il chasse définitivement les qualités occultes. Il donne pour but à la science l'analyse élémentaire. Locke lui emprunte, ainsi qu'à Gassendi, sa théorie atomiste. Sydenham est, avec Boerhaave, le véritable précurseur de la médecine moderne. On rapporte que Locke l'accompagnait souvent dans ses visites aux malades. Il connut Newton vers 1690, mais il semble ne lui avoir rien emprunté.

Lié d'amitié avec le ministre de Charles II, Lord Ashley, premier comte Shaftesbury (le philosophe fut le troisième du nom), il lui dut d'être secrétaire du *Board of Trade* de 1672 à 1675. Asthmatique, il se met à voyager en France : il est à Montpellier vers 1675-1678, à Paris vers 1678-9. La réaction tory de 1683 chasse d'Angleterre et Shaftesbury, accusé de rébellion, et Locke. Celui-ci reste cinq ans en Hollande : à Amsterdam, chez les Guenellon, où il connaît Limborch, le chef des théologiens libéraux ; à Leyde, à Utrecht. Charles II l'avait traité en suspect et cassé de sa chaire d'Oxford. En 1689, il rentrait dans son pays à la suite de Guillaume III d'Orange.

Locke finit sa vie chez Lord Francis Masham, à Oates (Essex) ; il y fut quatorze ans, de 1691 à 1704, date de sa mort. La seconde Lady Masham était fille de Cudworth, le platonicien de Cambridge, avec la famille duquel Locke avait été de tout temps en commerce épistolaire. Pierre Coste y fut aussi, en qualité de secrétaire et de traducteur. « Une grande douceur, un grand amour pour ses amis, la recherche sincère de la vérité, et la ferme croyance en l'importance de la liberté individuelle et politique, tels sont les traits de caractère d'après ce que nous savons de lui par ses œuvres et par ses lettres. » (Höffding).

Professeur, médecin, précepteur ami de deux générations chez Shaftesbury, célibataire, Locke vécut en sage. Un amour platonique pour Marguerite Beavis semble avoir été sa seule passion. Il se réservait le temps de réfléchir et d'écrire. A l'exemple des savants qu'il fréquenta, Locke professait aimer plus les expériences réelles que les discours *à priori,* plus l'imprimerie que l'Université, et la découverte d'une route vers l'équateur plus que les théories sur sa position.

Une rencontre avec cinq ou six amis au cours de l'hiver 1670-1 lui inspira l'idée de l'*Essai sur l'entendement humain (Essay on human understanding)*. Cet ouvrage, capital dans l'histoire de la philosophie, naquit des efforts qu'il fit pour résoudre les problèmes posés alors en commun. Le *British Museum* possède un exemplaire de l'*Essay* où James Tyrrell a écrit : « Je me rappelle que j'étais moi-même présent lorsque les principes de la morale et de la religion furent discutés. » Locke travailla dix-sept ans à cette œuvre, malgré les distractions de la politique et de la maladie ; il s'y occupa d'une manière plus continue pendant son séjour en France et surtout durant son exil de Hollande. « Le plus probable, écrit M. H. Ollion, dans sa *Philosophie générale de Locke* (1908), est que l'*Essai* fut rédigé en Hollande, entre 1684 et 1686-7. » Le travail était achevé avant janvier 1688. Un extrait parut cette même année, dans la *Bibliothèque universelle* fondée par Le Clerc deux ans auparavant. L'*Essai* complet parut en anglais en 1690. Coste avait lu à Locke même la traduction française intégrale.

L'*Essai sur l'entendement humain* comprend quatre livres de longueur et d'importance fort inégales. Le livre I traite des idées innées ; le II, des idées simples ou complexes ; le III, des mots ; le IV, de la connaissance. Les parties caractéristiques de la doctrine sont contenues dans les livres II et IV. L'ordre chronologique de composition semble être : II, IV, ix-xi, i-viii ; III, IV, xii-xxvii. « Des autres chapitres et du livre I, nous ne pouvons rien dire. » (Ollion.)

L'*Essai* est l'ouvrage maître de Locke. Il faut citer encore de lui une *Epistola de tolerantia*, anonyme, adressée à Limborch, parue en 1685, esquissée dès 1667 ; *Two Treatises on Government* (1690), *Thoughts on Education*, recueil de lettres adressées à Edouard Clarke of Chipley et imprimées à la demande de Molyneux (1693) ; *The Reasonableness of Christianity, as delivered in Scripture* (1695) ; enfin, des *Lettres* et une controverse avec Stillingfleet, évêque anglican de Worcester.

Théorie de la connaissance

But et méthode. — Locke marque ainsi le but qu'il se propose dans son *Essai* : « Dans le dessein que j'ai formé d'examiner *l'origine, la certitude et l'étendue des connaissances humaines,* aussi bien que *les fondements et les degrés de foi, d'opinion et d'assentiment* qu'on peut avoir par rapport aux différents sujets qui se présentent à l'esprit, je ne m'engageai point à considérer en physicien la nature de l'âme, à voir ce qui en constitue l'essence, quels mouvements doivent s'exciter dans nos esprits animaux, ou quels changements doivent arriver dans notre entendement et si quelques-unes de ces idées ou toutes ensemble dépendent, dans leurs principes, de la matière ou non ? Quelque curieuses et instructives que soient ces spéculations, je les éviterai, comme n'ayant aucun rapport au but que je me propose dans cet ouvrage. Il suffira, pour le dessein que j'ai présentement en vue, d'examiner les différentes facultés de connaître qui se rencontrent dans l'homme, en tant qu'elles s'exercent sur les différents objets qui se présentent à son esprit, et je n'aurai pas tout à fait perdu mon temps à méditer sur ces matières, si en examinant pied à pied, d'une manière claire et historique *(historical, plain, matter-of-fact manner),* toutes ces facultés de notre esprit, je puis faire voir, en quelque sorte, par quels moyens notre entendement vient à se former les idées qu'il a des choses et que je puisse marquer les *bornes* de la certitude de nos connaissances et les fondements des opinions qu'on voit régner parmi les hommes. »

On doit reconnaître que c'est la première fois dans l'histoire de la philosophie qu'est nettement aperçu et fermement posé *le problème critique* : origine, certitude, étendue de notre connaissance, découverte de l'« horizon » qui limite et sépare les parties éclairées et les parties sombres des choses, ce qui nous est compréhensible et ce qui ne l'est pas. — Toute la philosophie postérieure sortira de l'effort de Locke.

Sa méthode sera celle de la philosophie anglaise, qu'elle permet de caractériser. Pour constituer la science des faits de l'âme, il étudie l'expérience interne, saisit et note l'observation de chacun, et l'énonce d'après les mots et expressions de chacun : c'est l'*analyse psychologique* qui commence, modeste, incertaine souvent et vacillante, mais déjà attentive, exercée, parfois subtile. Locke prétend n'exposer que « ses propres conjectures », comme il prétend ne viser qu'à l'utilité. Jugeant ce monde dans un état de médiocrité intellectuelle et livré aux probabilités, il écrivait à Montpellier en 1677 : « Nous n'avons pas besoin de connaître autre chose que l'effet et l'opération des corps naturels qui sont en notre pouvoir, et notre devoir par rapport à nos propres actions, autant qu'elles dépendent de notre volonté et qu'elles sont en notre pouvoir. » Il donnait pour but à la science le perfectionnement de notre expérience naturelle pour l'agrément de cette vie et la manière d'ordonner soi-même et ses actions pour atteindre le bonheur dans l'autre.

I. Les idées. — La connaissance, pour Locke, étant faite d'idées, consistant tout entière dans le lien et le rapport des idées entre elles, tout son effort dans l'*Essay* vient naturellement se résumer et se condenser dans la réponse à ces deux questions : 1° *Comment se forment nos idées ?* (c'est le problème de l'origine des idées) ; 2° *Quel rapport nos idées ont-elles avec les choses ?* (c'est le problème de la vérité de nos idées ou de la valeur de notre connaissance).

Locke prend le mot idée dans son sens le plus large. Une idée, c'est « tout objet que l'esprit aperçoit immédiatement », ou « quoi que ce puisse être qui occupe notre esprit lorsqu'il pense. » C'est à peu près la définition que Descartes donnait de la pensée : « Par pensée j'entends tout ce qui se fait en nous de telle sorte que nous l'apercevons immédiatement. » Locke appelle idée l'état de conscience.

1° IDÉES INNÉES. — Touchant l'origine des idées, Locke s'en prend d'abord à la doctrine de l'innéisme. Les idées ne sont pas innées : elles dérivent toutes de l'expérience.

En effet, des notions ou des principes innés seraient absolument universels : tels apparaissent, entre autres, les principes d'identité et de contradiction, l'idée de Dieu, certaines règles de morale. Or, les enfants et les idiots ne les possèdent pas, les sauvages non plus : la lecture de Thévenot l'a du moins appris à Locke.

Une idée innée est, par définition, une idée qui est dans l'entendement ; mais être dans l'entendement signifie être aperçu et compris actuellement par lui. Il s'ensuit cette première conséquence que l'idée innée doit apparaître dès le début de la vie consciente. S'il y a des vérités innées, il faut de toute nécessité que ce soient les premiers objets de la pensée, la première chose qui paraisse dans l'esprit. Et le dilemme suivant se pose invinciblement : ou bien toute idée que l'esprit n'a jamais aperçue n'a jamais été dans l'esprit, ou bien toute idée qui est dans l'esprit est, ou une perception actuelle, ou bien, ayant été effectivement perçue, est en telle sorte dans l'esprit qu'elle peut redevenir une perception actuelle par le moyen de la mémoire.

Une idée innée doit donc être nécessairement et immédiatement connue. Dire qu'une notion innée est gravée dans l'âme et soutenir en même temps que l'âme ne la connaît point, qu'elle n'en a aucune connaissance, c'est faire de cette impression un pur néant. Il est faux de dire que l'immédiateté du consentement donné à une proposition est indice et preuve de son innéité, car toute idée distincte en est là : nous la distinguons immédiatement de toute autre et nous la reconnaissons évidemment. Mais ce consentement même prouve l'ignorance antécédente. Les principes ne sont pas innés, puisqu'ils ne sont pas reçus de ceux qui n'entendent pas les termes qui servent à les exprimer, ni par une grande partie de ceux qui, bien qu'ils les entendent, n'ont jamais ouï parler de ces propositions et n'y ont jamais songé : ce qui comprend pour le moins la moitié du genre humain.

Herbert de Cherbury, le platonicien de Cambridge, note et fixe six caractères propres à révéler l'innéité des idées : priorité, indépendance, universalité, certitude, nécessité, assentiment immédiat. Mais, répond Locke, pour être capables d'affirmer avec assurance, nous devrions posséder un catalogue exact de ces principes prétendus innés et de leurs caractères.

Donc, ni les notions d'impossibilité ou d'identité, ni les idées de Dieu et de substance ne sont innées. Avoir une idée innée de Dieu signifierait que Dieu a gravé dans l'âme de tous les hommes qui parlent le même langage un « nom » pour le désigner. Une capacité de connaître n'est pas une connaissance implicite. Enfin, les variations des conceptions morales prouvent, non qu'elles soient incertaines, du moins qu'elles ne sont pas innées.

Au sens de Locke, une idée innée serait donc quelque chose de tout fait, imprimé passivement dans l'âme. On peut se demander alors contre qui est dirigée sa critique. Certaines expressions de Descartes paraissent au premier abord visées. L'idée de Dieu n'est-elle pas pour lui comme la marque de l'ouvrier sur son ouvrage, un sceau ? N'est-elle pas *omnium mentibus indita* ? Toutefois, le sens d' « inné » chez Descartes est éclairé par sa tripartition des idées : l'idée adventice vient des sens, l'idée factice est arrangée par l'imagination, l'idée innée ou idée claire et distincte, est l'œuvre (*à priori,* dira Kant) de l'entendement ; elle appartient à l'essence de la nature humaine, qu'elle distingue et caractérise. Dans ses idées innées l'esprit n'est donc pas passif ou réceptif, mais, au contraire, tout particulièrement actif.

Les historiens pensent plutôt que la doctrine attaquée est celle de Herbert de Cherbury (le seul que cite Locke) ou d'autres platoniciens de Cambridge. Pour More et Cudworth, non seulement les facultés de l'esprit, mais les représentations positives se développent dans l'âme selon la volonté de Dieu. Culverwell, dans la *Lumière de la nature* (1652), parle de « quelques premières et alphabétiques notions marquées et imprimées » en nous (*Some first and alphabetical notions stamped and printed*). Mais Locke lui-même admettait une *light of nature,* tout comme Leibniz (qui croyait Locke de son avis) croyait à un « alphabet des connaissances humaines ». Ce qu'on peut affirmer, c'est que la pensée anglaise d'alors était assez généralement imprégnée d'un certain innéisme, imprécis et indistinct, comme nous l'apprend une lettre de Molyneux à Locke (de septembre 1696) : « Celui qui, il y a seulement dix ans, aurait prêché que l'idée de Dieu n'est pas innée, aurait certainement fait l'effet d'un athée. » Aussi, M. Aloïs Riehl conclut-il qu'aucun philosophe n'a tenu exactement la position prêtée par Locke aux innéistes.

Il n'y a pas d'idées innées, de notions passivement reçues. Comment formons-nous donc nos idées ? Locke part de la supposition que l'esprit est une table rase, vide de tous caractères, sans aucune idée quelle qu'elle soit. Reste donc que l'expérience soit le fondement de toutes nos connaissances. Les observations que nous faisons sur les objets extérieurs et sensibles ou sur les opérations intérieures de notre âme, fournissent à notre esprit les matériaux de toutes nos pensées. Nos idées appartiennent toutes à l'expérience, et celle-ci est double : sensation, réflexion. La sensation perçoit les objets externes, les qualités sensibles ; la réflexion saisit les actes de conscience. L'expérience externe tient à ce que l'excitation ou le mouvement produit sur le corps suscite une perception dans l'âme. L'expérience interne tient à ce que l'âme reçoit en même temps l'impression de l'activité déployée pendant l'élaboration des idées provenant de l'expérience externe. Déjà Bacon avait distingué ces deux sources de connaissance : sensation et réflexion, et posé à l'origine une intelligence purifiée : *intellectus abrasus, œquata mentis arena*. Locke reprend le problème où l'avait laissé Bacon.

Nos idées, qu'elles viennent de la sensation ou qu'elles soient le résultat de la réflexion, sont de deux sortes : elles sont ou simples ou complexes.

2° IDÉES SIMPLES. *a) Idées simples de sensation*. — Les idées simples sont indivisibles et ressortissent à une catégorie unique. Il y a des idées simples de sensation et des idées simples de réflexion. Les premières sont celles des qualités sensibles qui « entrent par les sens d'une manière simple et sans nul mélange » ; elles sont toutes parfaitement distinctes. Certaines qualités sensibles sont fournies par un seul sens : couleur, saveur, son, solidité, etc. D'autres nous viennent par plusieurs sens à la fois : l'espace ou étendue, la figure, le mouvement et le repos sont donnés par la vue et par l'attouchement.

Quel que soit le mode d'origine des qualités sensibles, une distinction de très grande importance s'impose à leur égard. Locke sépare des qualités premières les qualités secondes et même les troisièmes qualités.

Les qualités premières sont entièrement inséparables des corps en quelque état qu'ils soient. Elles sont de telle nature que nos sens les trouvent dans chaque partie de matière perceptible. Elles sont constantes et indestructibles, originales et constitutives des corps. Ce sont la solidité, l'étendue, la figure, le nombre, le mouvement et le repos. La solidité est la qualité sensible la plus constante ; c'est elle qui empêche l'approche de deux corps lorsqu'ils se meuvent l'un contre l'autre, et exclut de l'espace toute autre substance matérielle. C'est de leur solidité ou cohésion que dépendent et la simple impulsion des corps, et leur impulsion mutuelle et leur résistance. Cette résistance est telle qu'il n'y a point de force, si grande qu'elle soit, qui puisse la vaincre. Les idées des premières qualités des corps ressemblent à ces qualités ; celles-ci sont réellement dans la matière, que nous y songions ou que nous n'y songions pas. Même le repos, qui paraît être une privation, pourrait être aussi réel que le mouvement.

Les secondes qualités ne sont effectivement que la puissance qu'ont les corps de produire diverses sensations en nous par le moyen de leurs premières qualités, c'est-à-dire par la grosseur, figure, contexture et mouvement de leurs parties insensibles, comme sont les couleurs, les sons, les saveurs, etc. Elles ne sont pas réellement dans les corps, et ceux-ci n'ont que la puissance de les susciter en nous. La chaleur n'est pas plus dans le soleil que la blancheur qu'il produit sur la cire. Les apparences varient avec la portée des sens : un corpuscule rouge est vu tout autre au microscope. Quand ces qualités ne donnent pas lieu à perceptions, elles n'existent nulle part. Ainsi, l'amande change de goût, quand on la pile, sans qu'il y ait en elle d'autre modification réelle que celle de la contexture de ses parties. La chaleur, telle qu'elle est dans nos mains, n'est qu'une espèce de mouvement produit en un certain degré dans les petits filets des nerfs ou dans les esprits animaux ; la même eau peut produire des sensations différentes dans les deux mains : ce que la même figure ne peut jamais faire. S'il n'y avait point d'organe propre à recevoir les impressions du feu sur la vue et le toucher et qu'il n'y eût point d'âme unie à ses organes pour recevoir des idées de lumière et de chaleur par le moyen des impressions du feu et du soleil, il n'y aurait pas plus de lumière et de chaleur dans le monde que de douleur, s'il n'y avait aucun être capable de la sentir, quoique le soleil fût précisément le même qu'il est à présent.

Par troisièmes qualités, Locke entend les puissances que possèdent les corps de produire ou de recevoir des effets ou des changements tels qu'il en résulte pour nous des modifications, des altérations de nos sensations.

Ainsi le feu donne à la cire ou à la boue une nouvelle couleur et une nouvelle consistance. C'est proprement ce que nous appelons puissances actives ou passives. Les qualités secondes sont aperçues immédiatement, celles-là sont saisies médiatement. Elles n'ont aucune ressemblance avec quoi que ce soit qui existe dans les corps.

En résumé, les premières qualités sont dans les corps, les secondes sont jugées y être et n'y sont point, les troisièmes n'y sont pas et ne sont pas jugées y être.

L'opposition entre les qualités premières (ou objectives, dirons-nous) et les qualités secondes (subjectives) n'est point toujours aussi nette chez Locke, qui semble parfois en oublier la valeur. De même, le nombre et le nom des qualités premières varient : la figure est considérée, parfois, comme une simple conséquence de l'extension limitée (donc comme un mode) ; comme le nombre serait issu de la division physique.

Quant à la doctrine elle-même, de suprême importance chez Locke, elle ne lui est pas personnelle. On la trouve déjà dans Galilée (théorie des *primi e reali accidenti)* Hobbes, Descartes, Boyle. Berkeley en tirera plus tard cette conséquence que si les qualités secondes sont subjectives, les premières le sont tout aussi justement. Pour toute espèce de qualités sensibles, il est vrai de dire que leur *esse est percipi.* Sur cette identification, il fondera son « immatérialisme ».

b) Idées simples de sensation et de réflexion. — Certaines idées simples sont produites à la fois par la sensation et par la réflexion. Ce sont le plaisir et la douleur, l'inquiétude, la puissance, l'existence, l'unité.

— Le plaisir et la douleur n'appartiennent pas seulement au corps ou à l'âme : ils proviennent du désordre du corps aussi bien que des pensées de l'esprit. Ils se trouvent joints l'un ou l'autre à presque toutes nos idées, surtout à celles qui font d'abord les plus profondes et les plus durables impressions. Ils sont souvent produits indistinctement par les mêmes objets ou idées, de même, du reste, que toute passion.

L'inquiétude ou malaise *(uneasiness)* joue un rôle énorme dans la philosophie de Locke. Nous y reviendrons.

L'existence et l'unité sont communiquées à l'entendement par chaque objet extérieur et par chaque idée que nous observons en nous-mêmes.

c) Idées simples de réflexion. — Les deux grandes et principales actions de notre âme sont la perception (entendement) ou puissance de penser et la volonté ou puissance de vouloir. L'entendement se subdivise en perception, rétention, distinction.

1° Locke prend le mot de *perception* en des sens divers. Tantôt il est synonyme d'idée ou d'entendement : avoir une idée, avoir une perception est une seule et même chose. Tantôt il est restreint au sens de premier degré vers la connaissance; la « pensée » exigeant réflexion et attention. La sensation ou impression sur le corps s'accompagne immédiatement de la perception ou entrée actuelle des idées dans l'entendement. Puisqu'il y a sensation, il doit y avoir dans les objets extérieurs un certain mouvement qui, agissant sur certaines parties de notre corps, soit continué par le moyen des nerfs ou des esprits animaux diversement agités jusqu'au cerveau ou au siège de nos sensations, « jusque dans l'intérieur de notre âme ». Le goût et le toucher exigent contact immédiat. Mais il est évident que certains petits corps imperceptibles doivent venir de l'objet jusqu'à la vue, à l'ouïe et à l'odorat. Locke suppose, sans vouloir l'affirmer, que la sensation de blancheur, par exemple, est produite par un certain nombre de globules qui, tournant autour de leur propre centre, vont frapper la rétine avec un certain degré de rotation et de vitesse progressive. Toutefois, dans son *Examination on Malebranche* (inachevé), il reconnaît que l'explication physiologique de la sensation est impossible. L'acte de percevoir est « incompréhensible ; il peut seulement être résolu dans le bon plaisir de Dieu ». Toujours est-il que l'esprit est purement passif, ne pouvant éviter de percevoir ce qu'il perçoit actuellement.

Locke remarque finement que nous altérons inconsciemment nos sensations, en y joignant, par la force de l'habitude, un jugement qui se confond avec elles, que la perception ne fait souvent qu'exciter le jugement ; mais cela, seulement à propos de la vue, le plus étendu de nos sens. Ainsi la convexité change la couleur. Il résolut par la négative le problème que lui avait adressé Molyneux : un aveugle-né pourrait-il, une fois rendu à la lumière, identifier et reconnaître par le moyen de la vue un cube et un carré perçus primitivement par le tact ? La vue n'a donc pas le sens inné de la distance ou profondeur.

2º Par la *rétention*, l'âme a la puissance de « réveiller » ses idées lorsqu'elle veut, et de se les « peindre », pour ainsi dire, de nouveau à elle-même. Quand les idées ne sont pas présentes à la mémoire, elles ne sont « nulle part ». La passion excite le souvenir, nos affections offrent à notre mémoire des idées qui, sans cela, auraient été ensevelies dans un parfait oubli. Le rôle de la rétention est de fournir à l'esprit ces « idées dormantes » dont il est le dépositaire, dans le temps qu'il en a besoin ; et c'est précisément à les avoir toutes prêtes dans l'occasion que consistent l'invention, l'imagination et la vivacité de l'esprit. Locke conçoit des intelligences qui n'oublieraient rien : tels Dieu et les « esprits glorieux ».

3º De la faculté de *distinction* dépendent la certitude et l'évidence des prétendues idées innées. Distinguer exactement une idée d'avec une autre, n'est-ce pas la rendre claire et distincte ? En quoi consiste le jugement ? Le jugement compare et établit des relations, étend ou compose les idées, rend générales les idées particulières venues des sensations. Pour cela, il considère ces idées comme des apparences séparées de toute autre chose et de toutes les circonstances qui font qu'elles représentent des êtres particuliers actuellement existants, comme sont le temps, le lieu et autres idées concomitantes. C'est ce qu'on appelle *abstraire*. Ces idées simples et précises, l'entendement les met à part, avec les noms qu'on leur donne communément, comme autant de « modèles », auxquels on puisse rapporter les êtres de la même espèce. Ainsi, le triangle, tel qu'il est représenté dans son idée générale, « ne doit être ni oblique, ni rectangle, ni équilatéral, ni isocèle, ni scalène, mais tout cela à la fois et nul de ces triangles en particulier. »

Les idées générales — ainsi que les termes généraux — sont donc des « fictions » de l'esprit, « *creatures of our own making* », n'existant qu'en lui. On ne peut les former sans quelque peine ; elles ne se présentent pas si aisément que nous sommes portés à nous le figurer. Il est vrai que dans l'état d'imperfection où se trouve notre esprit, il a besoin de ces idées et qu'il se hâte de les former, pour communiquer plus aisément ses propres connaissances.

Le pouvoir d'abstraire met entre l'homme et les brutes une parfaite distinction ; c'est seulement sur des idées particulières qu'elles raisonnent, selon que leurs sens les leur présentent. Ainsi elles n'ont pas l'idée du nombre : elles ne peuvent pas compter leurs petits. Objecte-t-on à Locke certains instincts, il répond : « Je n'ai pas écrit mon livre pour expliquer les actions des bêtes. »

Berkeley niera bientôt, en reprenant l'exemple et les mots de Locke, que l'esprit puisse abstraire et former l'idée abstraite et totalement indéterminée de triangle. Selon lui, une idée particulière devient générale, en servant d'exemple ou de substitut pour toute autre.

Ayant passé en revue les principales idées simples de réflexion, Locke conclut que notre entendement est comme « un cabinet entièrement obscur, qui n'aurait que quelques petites ouvertures ».

La volonté ne semble pas donner lieu à une diversité d'idées simples.

L'affirmation constante de Locke est que l'esprit est purement passif (*merely passive*) ou à peu près (*for the most part*) dans la réception de toutes ses idées simples. Cependant, le détail des expressions dont il se sert pour indiquer cette réceptivité, n'est pas toujours identique. Les idées simples nous sont tantôt fournies (*furnished*), tantôt suggérées (*suggested*). Elles viennent dans nos esprits (*come into our mind*) par un seul sens, ou s'y convoient (*convey themselves into the mind*) par plusieurs sens à la fois. Elles sont obtenues de la réflexion seule (*are had from reflection only*), ou enfin se font voie et sont suggérées à l'esprit par toutes les voies de la sensation et de la réflexion (*make themselves way and are suggested to the mind by all the ways of sensation and reflection*). Il semble que cette variété d'expressions autorise, à elle seule, à mettre en doute une pure passivité spirituelle.

Les idées simples sont toutes complètes, mais pas nécessairement claires : elles sont plus ou moins évidentes ou circonstanciées, l'impression et la mémoire pouvant être faibles.

Simples, ces idées sont sans mélange (*unmixed*) d'autres idées : la couleur n'est que couleur. Cette simplicité se juge d'après le contenu de conscience, non d'après l'excitant externe, qui ne comporte probablement pas d'élément simple. Simples, ces idées sont homogènes, donc indivisibles et inanalysables ; elles sont inexplicables et indéfinissables. On ne peut en transmettre la connaissance à qui n'en a pas l'expérience personnelle.

Ce sont les uniques matériaux des connaissances ou des pensées. On ne peut ni en faire ou supposer d'autres, ni les détruire. Elles viennent toutes de la sensation ou de la réflexion ; elles sont les données immédiates de l'expérience.

3º IDÉES COMPLEXES. — Les idées complexes résultent de la combinaison des idées simples. Elles sont de trois sortes : modes, substances, relations.

I. *Modes*. Les modes sont ces idées complexes qui, quelque composées qu'elles soient, ne renferment point la supposition de subsister par elles-mêmes, mais sont considérées comme des dépendances ou des affections des substances, comme triangle, gratitude, meurtre.

Les modes sont simples, s'ils sont renfermés dans les bornes d'une seule idée simple : douzaine, vingtaine ; ou mixtes, s'ils sont composés d'idées simples de différente espèce : beauté, volonté.

a) Modes simples. — Ce sont des modifications, parfaitement distinctes dans l'esprit, d'une idée simple : deux n'est composé que de l'idée simple de l'unité répétée.

Espace. — L'idée d'*espace* nous vient de l'idée simple et uniforme de la distance, que donne évidemment la vue. Les sens externes, autres que la vue et l'attouchement, les sens internes autres que la faim et la soif, n'enferment aucune idée de l'étendue. Celle-ci n'est qu'une affection des corps, comme tout le reste de ce qui peut être découvert par nos sens.

L'étendue du corps est distincte de l'étendue de l'espace. La première est une union ou continuité de parties solides, divisibles et capables de mouvement ; la seconde est une continuité de parties non solides, inséparables réellement et mentalement, par conséquent immobiles. L'espace pur n'a ni solidité ni résistance au mouvement, comme le corps ; il ne peut donc pas en être l'essence, comme le veut Descartes.

L'espace peut très bien se concevoir sans matière : il y a du vide entre les corps et au delà. Car de deux choses l'une : ou le corps est infini, ou l'espace n'est pas le corps. S'il n'y avait pas de vide, un homme que Dieu aurait placé à l'extrémité des êtres corporels, ne pourrait étendre sa main au delà de son corps. (Stuart Mill se souviendra de cette supposition.) Nier le vide serait nier en Dieu la puissance d'annihiler aucune partie de la matière ; les corps se maintiendraient autour du corps annihilé en un parfait repos, « comme une muraille de diamant ». C'est donner un peu trop à la matière que de dire qu'il n'y a rien là où il n'y a point de corps. Cet espace sans corps n'est point imaginaire, c'est quelque chose de Dieu, *something belonging to the being of the deity* (d'après un fragment de 1677). L'immensité divine en est constituée.

On devrait donc réserver le nom d'étendue ou de lieu à la matière ou à la distance qui est entre les extrémités des corps particuliers, et appeler expansion l'espace en général ou abstrait, qu'il soit plein ou vide de matière solide, de sorte qu'on dise : l'espace a de l'expansion et le corps est étendu. Il faut insister avec Locke sur cette remarque que l'idée d'espace n'est que l'idée sensible de distance élaborée, et que, à ne pas partir des notions premières et originales des choses, on bâtit sur des principes incertains et fallacieux.

Durée. — La réflexion que nous faisons sur cette suite d'idées qui paraissent l'une après l'autre dans notre esprit, est ce qui nous donne l'idée de la *succession,* et nous appelons durée la distance qui est entre deux points quelconques de succession. L'idée simple de durée est le moment, autrement dit le temps qu'une idée reste dans notre esprit. Cette idée ne nous vient pas des corps : nous l'aurions, quand bien même nous ne percevrions pas le mouvement, qui ne sert à mesurer la durée qu'en tant qu'il ramène constamment et périodiquement certaines idées sensibles

La seule mesure de la durée est la mémoire ; il est impossible de démontrer rigoureusement l'égalité de deux longueurs successives de durée. Le temps (division de la durée par rapport aux objets réels) est à la durée (infinie ou éternelle) ce que le lieu (position d'un corps par rapport à d'autres) est à l'expansion : ce sont autant de portions de ces deux océans infinis d'éternité ou d'immensité. Le temps est limité et mesuré par les mouvements des corps célestes.

Comme l'expansion, la durée est réelle : elles sont renfermées l'une dans l'autre, et il est presque aussi difficile à concevoir quelque existence sans expansion que sans durée, quoique les rapports des esprits à l'espace soient inconnaissables.

Durée et espace sont des idées simples ; leur composition en parties ne s'oppose pas à leur simplicité, les parties, en effet, sont de la même espèce et sans mélange d'aucune autre : l'idée d'avoir *partes extra partes* est irrésoluble en deux autres idées. Chaque partie de la durée comme chaque partie de l'extension est extension : et, l'une et l'autre sont capables d'addition ou de division à l'infini. Locke veut dire sans doute que la composition ou divisibilité physique, objective n'entraîne pas l'hétérogénéité ou composition dans l'ordre de la connaissance. La distance et le moment sont des éléments de conscience, toujours identiques à eux-mêmes, et comme tels irréductibles.

Nombre. — Comme nous l'avons vu déjà, aucune idée ne nous est suggérée par plus de voies que celle de l'unité (ou de l'existence), et il n'y en a pas de plus simple. Il n'y a en elle aucune apparence de variété ou de composition. C'est pourquoi elle est la plus familière, comme la plus universelle.

De tous les modes simples, il n'y en a donc pas de plus distincts que ceux du nombre, différents en cela des autres modes simples ; car qui voudrait entreprendre de trouver de la différence entre la blancheur de ce papier et celle qui en approche d'un degré, ou qui pourrait former des idées distinctes du moindre excès de grandeur en différentes portions d'étendue ? Le nombre seul comporte une unité strictement déterminée.

Infini. — Le fini et l'infini sont regardés comme des modes de la quantité et ne sont attribués originairement qu'aux choses qui ont des parties et qui sont capables du plus ou du moins : à l'espace, à la durée, au nombre. L'infini n'est affirmé de Dieu que par analogie, d'après le nombre ou l'étendue des actes ou des objets de sa puissance, de sa sagesse ou de sa bonté. — L'idée d'infini se forme par l'addition sans fin du fini ; ainsi nous sommes portés à croire qu'effectivement l'espace est, en lui-même, actuellement infini ; de même, nous concevons d'infinis degrés de la même blancheur.

Toutefois, l'idée d'une quantité infinie, espace ou durée, est extrêmement confuse. Il faut distinguer soigneusement entre l'idée de l'infinité de l'espace, et l'idée d'un espace infini. La première n'est qu'une progression ou répétition sans fin, fugitive. Mais supposer qu'on a actuellement dans l'esprit l'idée d'un espace infini, c'est supposer que l'esprit a déjà parcouru et qu'il voit actuellement toutes les idées répétées de l'espace, qu'une répétition à l'infini ne peut jamais lui représenter totalement : ce qui renferme une contradiction manifeste. Dans l'idée d'espace infini, l'esprit se borne et s'arrête ; ce qui est directement contraire à l'idée de l'infinité qui consiste dans une progression supposée sans bornes. Rien n'est infini que ce qui n'a point de bornes.

Aucune idée ne peut donner de l'infini une notion plus nette et plus distincte que celle du nombre. Nous n'avons pas l'idée positive d'un nombre actuel infini, comme nous croyons l'avoir pour la durée et l'expansion. Mais nous avons la puissance d'accroître toujours le nombre ; c'est en quoi consiste son infinité : dans ce reste confus et incompréhensible de nombres qui, multipliés sans fin, ne laissent voir aucun terme à ces additions. Or, l'idée d'une quantité qui passe d'autant toute grandeur qu'on ne saurait la comprendre, est une idée purement négative. Tout ce que nous assemblons dans notre esprit est positif : c'est l'amas d'un grand nombre d'idées positives d'espace ou de durée ; mais ce qui reste toujours au delà, c'est de quoi nous n'avons aucune notion positive et distincte. Car il n'est pas possible de dire qu'un homme a une idée claire et positive d'une quantité, sans savoir quelle en est la grandeur.

On n'a pas plus l'idée du plus grand que du plus petit espace. Que ceux qui prétendent avoir une idée positive de l'éternité, disent si leur idée de la durée enferme ou non de la succession ; de comparer l'éternité à un *punctum stans* est inintelligible. Rien n'est plus inconcevable qu'une durée sans succession. Notre idée de l'éternité ne peut être composée que d'une succession infinie de moments, dans laquelle toutes choses existent. De ce que Dieu n'a pas de commencement, on ne peut tirer une idée positive de l'infinité.

L'idée d'infini est donc imparfaite, embarrassée de contradictions perpétuelles.

Cette doctrine de Locke sur l'espace, la durée et l'infini appelle quelques remarques. Nous avons, d'après lui, l'idée simple de distance ou de moment. Cependant, il est indéniable que nous n'avons la sensation comme telle, ni de la distance, ni du moment, ni de l'unité, génératrice du nombre. Idée simple n'équivaut donc pas à sensation, à phénomène de conscience pur et simple. Comme le remarque Riehl, la distance, considérée comme qualité, n'a pas de quantité, mais comme élément d'extension il n'y a pas de plus petite quantité. Locke ramène ainsi les données sensibles aux éléments intelligibles. L'esprit n'est donc pas purement passif par rapport aux idées simples. Hume, au contraire, réduira la grandeur à des « points qualitatifs » exclusifs de la divisibilité à l'infini.

L'espace pur, la durée de Locke sont ce que Newton appelle espace et temps absolus. La doctrine newtonienne n'ayant paru qu'en 1687, deux ans avant l'achèvement de l'*Essay,* il semble que Locke ne lui doive rien. Mais la dépendance de Kant à l'égard de Newton, est, par le fait même, une dépendance à l'égard de Locke. L'unité que Locke et Newton attribuent à l'espace et à la durée infinis, c'est leur apriorité.

Locke eût pu dire que l'infini est moins une quantité représentée, un objet, qu'un moyen de représenter la quantité ; en langage kantien, c'est une loi formelle de la pensée. L'infinité, écrit Riehl, est un concept purement potentiel, le concept d'une possibilité. *Ist Unendlichkeit ein rein potentieller Begriff, ein Möglichkeitsbegriff.*

Modes de pensée. — Lorsque l'esprit vient à réfléchir sur soi-même et à contempler ses propres actions, la pensée est la première chose qui se présente à lui, et il y remarque une grande variété de modifications qui lui fournissent différentes idées distinctes.

Ici, Locke énumère de nouveau la perception et la mémoire, qu'il avait considérées d'abord comme idées simples. Il ajoute différentes variétés de mémoire ou d'imagination : la réminiscence qui suppose effort, la contemplation longue et attendrie, la rêverie flottante. Lorsqu'on réfléchit sur les idées qui se présentent d'elles-mêmes et qu'on les enregistre dans sa mémoire, c'est attention. Dans le sommeil, on « songe ». L'extase est « songer les yeux ouverts ». De ces degrés divers de tension ou de détente mentale, Locke conclut que la pensée est l'action et non pas l'essence de l'âme, comme le prétendait Descartes : les essences ne comportent pas le plus et le moins.

Ici encore, Locke rappelle le plaisir et la douleur ; et le malaise ou désir, qui est ressenti pour l'absence d'une chose qui donnerait du plaisir si elle était présente. C'est le sentiment de l'insuffisance du présent pour notre bonheur. Le malaise est le seul principe, le seul aiguillon qui excite l'activité et l'industrie humaines. L'amour est la « réflexion » sur le plaisir qu'une chose ou un individu présent ou absent peut produire en nous. La haine est la réflexion contraire.

Locke n'attache aucune importance à l'association des idées. Hobbes en avait le premier formulé la loi : « La cause de la cohérence ou de la conséquence d'une conception par rapport à une autre est leur première cohérence ou conséquence au temps où elles furent produites par les sens ». Locke y voit la principale cause de l'erreur, et surtout de la sympathie et de l'antipathie, par l'influence des esprits animaux.

Elles diffèrent selon l'inclination, l'éducation, l'intérêt ; elles appartiennent moins à la physiologie qu'à la pathologie de l'esprit. Les fondateurs de l'associationnisme se nomment Hume et Hartley.

Modes de volonté. Puissance. — La puissance est la possibilité, pour une chose, qu'une de ses idées simples soit changée et, pour une autre, la possibilité de produire ce changement. Nous considérons toujours la puissance par rapport au changement des idées, car nous ne saurions découvrir qu'aucune altération ait été faite dans une chose ou qu'elle ait subi aucune opération, si ce n'est par un changement remarquable de ses idées.

La puissance, appelée d'abord « troisième qualité », en tant qu'elle est directement sensible, est considérée maintenant comme mode, son idée étant un rapport saisi par l'esprit.

Nous n'avons l'idée que de deux sortes d'actions : la pensée et le mouvement, que nous connaissons toutes deux en réfléchissant sur les opérations de notre esprit. Quand un corps est en mouvement, ce mouvement est dans le corps une passion plutôt qu'une action : nous ne voyons qu'un corps qui transfère le mouvement. Quant à l'idée du commencement du mouvement, nous ne l'avons que par le moyen de la réflexion que nous faisons sur ce qui se passe en nous-mêmes, lorsque nous voyons par expérience qu'en voulant simplement mouvoir des parties de notre corps qui étaient auparavant en repos, nous pouvons les mouvoir. Les corps et les sens ne donnent qu'une idée fort imparfaite et fort obscure d'une puissance active, laquelle n'est qu'en Dieu et dans les esprits.

Liberté. — Une chose évidente, c'est que nous trouvons en nous-mêmes la puissance de commencer ou de ne pas commencer, de continuer ou de terminer plusieurs actions de notre esprit et plusieurs mouvements de notre corps, et cela simplement par une pensée ou un choix de notre esprit, qui détermine et commande, pour ainsi dire, que telle ou telle action particulière soit faite ou non : c'est la liberté. Au contraire, lorsqu'il n'est pas également au pouvoir de l'homme d'agir ou de ne pas agir, tant que ces deux choses ne dépendent pas également de la préférence et de l'ordre de son esprit, à cet égard l'homme n'est point libre, quoique peut-être son action soit volontaire. Il s'ensuit que là où il n'y a ni pensée ni volition, il ne peut y avoir de liberté, mais que la pensée et la volition peuvent se trouver où il n'y a point de liberté. Ainsi un homme qui tombe par la rupture d'un pont veut, c'est-à-dire préfère, ne pas tomber ; mais il n'est pas libre : la cessation du mouvement ne suit pas sa volition. Un homme enfermé dans une chambre avec une personne aimée veut y rester et n'est point libre. Volontaire n'est donc pas opposé à nécessaire, mais à involontaire. L'action involontaire est faite sans aucune direction de l'âme. La liberté, qui est une puissance, ne peut pas appartenir à la volonté, puissance également, mais à des agents. La volonté n'est pas plus libre que la vertu n'est carrée. Les puissances sont des relations à telle ou telle action, non des agents. On ne peut vouloir vouloir. Choisir ou vouloir est une action ; cette action nécessairement existe ou n'existe pas : elle est voulue ou non. La liberté consiste à agir ou à ne pas agir suivant cette volition. En termes modernes, nous dirions que vouloir est un acte interne, psychologique d'autodétermination, et qu'être libre c'est pouvoir réaliser extérieurement, être à même d'exécuter physiquement cette détermination.

Ce que nous voulons, ce à quoi invinciblement et uniquement nous tendons dans toutes nos actions, c'est le bonheur. Nous ne désirons que d'être heureux ; et autant que nous sentons d'inquiétude, il est certain que c'est autant de bonheur qui nous manque. Cette inquiétude ou malaise, le désir est précisément ce qui détermine immédiatement la volonté. (Locke avait admis dans la première édition qu'elle était nécessairement déterminée par le plus grand bien.) Comme nous ne sommes capables que d'une seule détermination de la volonté vers une seule action à la fois, elle suit naturellement l'inquiétude présente qui nous presse et parfois est irrésistible.

Or, la source et le fondement nécessaire de la liberté est l'arrêt du désir. L'utilité et la perfection de la liberté, c'est d'être déterminé par son propre jugement. La liberté de Dieu ne l'empêche pas d'être déterminé par le meilleur. Nous devons donc tenir nos volontés indéterminées, jusqu'à ce que nous ayons examiné le bien et le mal de ce que nous désirons, si la satisfaction du désir présent fait partie ou non de ce bonheur invariablement cherché. Dans la plupart des cas, nous sommes capables de suspendre l'accomplissement présent de quelque désir que ce soit. Le résultat de notre jugement, en conséquence de cet examen, c'est ce qui détermine en dernier ressort l'homme. La liberté n'est qu'à cette condition : le désir guidé par le jugement.

Pour certains philosophes (pour Bernier, par exemple, dans son *Traité du libre arbitre et du volontaire,* paru en 1685), la liberté est une indifférence de l'homme, antécédente à la détermination de la volonté. Cette indifférence est bien mal placée immédiatement après le jugement de l'entendement et avant l'acte volontaire, lequel, en effet, ne peut que suivre immédiatement le jugement. La liberté d'indifférence n'est que ténèbres. La liberté vraie consiste dans une indifférence qui demeure après la détermination de la volonté : ce qui n'est pas une indifférence de l'homme (car, après que l'homme a une fois jugé ce qu'il est meilleur de faire ou de ne pas faire, il n'est plus indifférent), mais une indifférence des puissances actives de l'homme, lesquelles sont tout autant capables d'agir ou de ne pas agir après qu'avant la détermination de la volonté, et par conséquent restent dans un état qu'on peut appeler indifférence : même, aussi loin que cette indifférence s'étend, l'homme est libre et non au delà. Si je veux mouvoir ma main, je suis libre de le faire ou pas. La puissance de mouvoir ma main n'est nullement diminuée par la détermination de ma volonté. L'indifférence de cette puissance à agir ou à ne pas agir subsiste toute telle qu'elle était auparavant, comme il paraîtra si la volonté veut en faire l'épreuve en ordonnant le contraire. La paralysie supprimerait la volonté.

Locke, après avoir nié l'indifférence propre de la volonté (intenable, en effet, psychologiquement), croit résoudre le problème de la liberté en posant une double indifférence : celle du jugement par rapport au désir (source de la responsabilité) et celle de la puissance d'agir. Mais la première n'est que la préparation, l'acheminement à la liberté, laquelle, en dernière analyse, n'est bien que l'indifférence à l'action. La liberté n'est donc ainsi qu'une possibilité de réalisation, possibilité non pas immanente et d'ordre psychologique, mais organique, relative à l'état de nos organes et subordonnée, en fin de compte, à des causes externes indépendantes de notre volonté. Cette liberté ne peut intéresser en rien la personne et la moralité, donc la responsabilité. Locke qui place la liberté au terme physiologique de l'action, ignore le problème psychologique de la liberté.

Tant qu'on persiste, comme le faisait la scolastique, à en chercher la solution dans l'opposition de « facultés » supposées séparées : sensibilité, entendement, volonté, puissance d'agir, on s'enferme dans les ténèbres. Le problème de la liberté consiste à se demander si, oui ou non, un fait psychologique quelconque dépend, comme un fait physique, complètement de ses antécédents ; si, au contraire, la complexité, le devenir incessant et insaisissable de la vie psychique prise dans son ensemble, n'autorise pas à concevoir une certaine indétermination mentale.

b) Modes mixtes. — Ce sont des idées détachées et indépendantes que l'esprit joint ensemble arbitrairement sans autre raison qu'un but pratique et sans qu'il ait à considérer si elles existent ainsi réunies dans la nature ; ils n'ont pas de modèles réels *(archetypes, patterns)* : ce sont des « notions » ; ainsi obligation, ivresse, mensonge. Les mots seuls fixent ces notions et nous les font acquérir maintenant. La pensée, le mouvement et la puissance sont les idées simples qui donnent le plus de modes mixtes : tels sont l'habitude ou la disposition, la cause et l'effet, l'action et la passion.

Tandis que les noms des modes simples (des figures et des nombres surtout) sont clairs et distincts, les noms des modes mixtes sont la plupart sujets à une grande incertitude et à une grande obscurité. Ainsi, les termes de morale ont rarement la même signification précise dans l'esprit de deux différentes personnes ; et c'est pourquoi il n'y a point de fin aux interprétations des lois divines et humaines. Cependant les idées complexes de modes, assemblages volontaires, celles des modes mixtes surtout (puisqu'elles n'ont pas d'archétype), sont forcément complexes. Il s'ensuit que, si on ne peut faire connaître la signification des noms de modes mixtes comme on fait entendre ceux des idées simples, en montrant la chose, on peut en revanche les définir parfaitement et avec la dernière exactitude.

Il y a là une distinction du fait et du droit : les modes mixtes, mal définis en fait, sont nettement définissables, une opposition de l'expérience et de la logique, sur laquelle nous reviendrons.

II. *Substances.* — Un certain nombre d'idées constamment réunies, regardées comme appartenant à un seul objet, et désignées par un seul nom, sont les substances. Le langage nous porte à en parler comme d'une idée simple. Une substance est un tout existant par lui-même et indépendant de toute autre chose. Dans le fait chaque substance dépend de toutes les autres. Quant à la notion de « pure substance en général », l'esprit n'en a point d'autre que celle d' « un je ne sais quoi », de je ne sais quel sujet qui lui est tout à fait inconnu et qu'il suppose être le soutien des qualités (ou accidents) susceptibles d'exciter en lui des idées simples, en quoi elles subsistent comme émanant de son interne et particulière constitution ou essence.

Nous pouvons aussi former des idées collectives de substances et les réunir en une seule image, en une représentation unique : une armée, l'univers même ; il n'y a rien de si éloigné ou de si contraire que l'esprit ne puisse rassembler en une seule idée.

III. *Relations*. — La relation consiste dans une comparaison telle que la considération d'une chose enferme en elle-même la considération d'une autre. Les idées de relations sont souvent plus claires et plus distinctes que celles des substances : il est facile d'en connaître toutes les idées simples, et au contraire des substances, toutes se terminent à des idées simples.

Les principales relations sont la causalité et l'identité ou la diversité. La cause est « ce qui produit quelque idée simple ou complexe ». Tout ce que nous considérons comme contribuant à la production de quelque idée simple ou de quelque collection d'idées simples, soit substance soit mode, qui n'existait point auparavant, excite par là dans notre esprit la relation de cause et nous en lui donnons le nom.

L'identité *(sameness)* des esprits finis est la relation à leur temps et lieu d'origine. Il en est de même des corps, tant qu'ils ne sont ni augmentés ni diminués. Ce qui fait l'unité d'une plante ou d'un animal, c'est l'organisation de parties d'un seul corps concourant à une commune vie. Le principe d'individuation est l'existence même qui fixe chaque être, de quelque espèce qu'il soit, à un temps et à un lieu particuliers incommunicables à deux êtres de la même espèce.

Être la même substance, le même homme et la même personne sont trois choses différentes. L'unité permanente de composition fait la même substance, l'unité de vie produit le même homme, chaque partie de notre corps vitalement unie à ce qui agit en nous avec conscience, fait une partie de nous-même. La personne est un être pensant et intelligent, capable de raison et de réflexion, de plaisir et de douleur, s'intéressant à soi-même, voulant son propre bonheur, se considérant comme le même être en différents temps et lieux : ce qu'elle fait uniquement par le sentiment qu'elle a de ses propres actions, lequel est inséparable de la pensée et lui est entièrement essentiel (étant impossible à quelque être que ce soit d'apercevoir sans apercevoir qu'il aperçoit). L'identité personnelle consiste donc dans la conscience permanente, s'étend et se limite avec elle. La personne est un terme juridique, qui approprie des actions à un individu ; aussi le fou n'est pas puni.

Inversement, différentes substances, même pensantes, peuvent être unies dans une seule personne par le moyen de la même conscience. Que le même Socrate veillant et dormant ne participe pas à une seule et même conscience, Socrate veillant et dormant n'est pas la même personne. A cause du sommeil, « l'âme se rappelle des choses que l'homme ne se rappelle pas ». S'il est possible, en effet, à un même homme d'avoir, en différents temps, une conscience distincte et incommunicable, il est hors de doute que le même homme doit constituer différentes personnes en différents temps. — L'opinion la plus probable, c'est que ce sentiment intérieur que nous avons de notre existence et de nos actions est attaché à une seule substance individuelle immatérielle.

Locke croyait-il à une transmigration des âmes ? Toujours est-il qu'il espère que Dieu ne transportera pas à une personne les actions d'une autre. Notons en même temps, combien il est remarquable que la théorie de Locke puisse s'adapter exactement à l'explication des faits de « dédoublement » de la personnalité. Et cependant, nulle part, il ne parle ni d'inconscient ni même de subconscient.

Les relations morales sont les idées simples de nos actions rapprochées de l'idée d'une loi.

Une remarque s'impose sur la classification des idées complexes. La dénomination de modes est ambiguë. Les uns, répondant à la définition, appartiennent à la catégorie logique de l'accidence ; d'autres sont des combinaisons d'idées simples, tel le nombre ; d'autres encore sont, au sens propre, des modifications d'une idée simple, comme ceux de la couleur et du mouvement. « Quelle raison avons-nous de considérer le rouge comme une idée simple, et le rouge sang, le rouge cerise comme ses modes ? Locke se laisse encore ici guider par le langage et les opinions communes. Il se garderait de les remplacer par des opinions originales plus cohérentes, puisque ce sont des idées, non des savants, mais de tout le monde qu'il veut décrire. Mais il lui arrive de dépasser dans ses réflexions le stade de la perception ; il voit parfois les représentations se transformer, à la réflexion, en quelque chose d'intelligible, c'est-à-dire en relation. — Le passage, souvent mal indiqué et peut-être inconscient, du point de vue vulgaire à celui de la science ou de la critique, explique que Locke confonde toutes les catégories qu'il avait distinguées d'abord et qu'il semble maintes fois se contredire » (Ollion). De ces contradictions, la plus forte est sans doute celle qui lui fait ranger la puissance tantôt parmi les idées simples, tantôt parmi les modes simples, puis classe la cause au nombre des modes mixtes, et ensuite parmi les relations. Mais tout cela n'est-il pas explicable ? Nous avons défini l'idée simple l'élément irréductible de connaissance. Le rouge sang ou cerise est réductible au rouge. La puissance offre, avec d'autres caractères, à la connaissance, un *datum sui generis* ; la cause mode mixte est supposée se rapporter à des genres différents d'êtres. Enfin la cause devient relation en se généralisant, en se dégageant des idées particulières dont elle est d'abord considérée comme une simple affection. Evidemment, le passage existe, quoique latent, de la donnée sensible au concept, à la notion intelligible. Aussi maintenons-nous que l'idée simple n'est pas le donné comme tel, mais l'irréductible.

II. La connaissance. — Puisque l'esprit n'a point d'autre objet de ses pensées et de ses raisonnements que ses propres idées (qui sont la seule chose qu'il contemple ou qu'il puisse contempler), il est évident que c'est sur nos idées que roule toute notre connaissance. Il semble donc que la connaissance n'est autre chose que la perception de la liaison et convenance *(connexion and agreement)*, ou de l'opposition et disconvenance *(disagreement and repugnancy)* qui se trouve entre nos idées, c'est en cela seul qu'elle consiste. Les choses conviennent ou disconviennent selon ce qu'elles sont réellement, mais nous ne pouvons le découvrir que par les idées que nous en avons. Au point de vue de l'activité intellectuelle, connaître est plus qu'avoir des idées, c'est comparer les idées, découvrir leurs relations, juger. La perception (ou opération intellectuelle) est triple : il y a la perception des idées dans notre esprit, la perception de la signification des signes, des mots, en l'exactitude desquels consiste la certitude de la vérité ; et la perception de la liaison ou opposition, de la convenance ou disconvenance de nos idées, en quoi consiste la certitude de la connaissance.

Cette convenance ou disconvenance est de quatre sortes, et de quatre seulement : identité ou diversité, relation, coexistence ou connexion nécessaire, existence réelle. — (A ces catégories semblent correspondre respectivement quatre études ou disciplines différentes : la logique formelle, les mathématiques, la physique, la métaphysique.)

Locke distingue quatre degrés de connaissance : l'intuitive, la démonstrative, la sensitive, la révélée. Les deux premières engendrent la certitude ou évidence, la troisième donne la probabilité ou opinion, la quatrième produit la foi.

1° Connaissance intuitive. — La connaissance intuitive est la perception de la convenance ou de la disconvenance certaine de deux idées comparées immédiatement ensemble, sans le secours d'idées intermédiaires. Elle est évidente, irrésistible. Chacun sent en lui-même que cette certitude est telle qu'il n'en saurait imaginer une plus grande.

Chaque idée claire et distincte est évidente : chaque idée *abstraite* est évidente. Car chacune étant visiblement ce qu'elle est, est par là même distincte de toute autre idée, et deux de ces idées ne peuvent jamais être affirmées l'une de l'autre : ainsi humanité, animalité. Le premier et principal acte de l'esprit, lorsqu'il a quelque sentiment ou quelque idée, c'est d'apercevoir les idées qu'il a, que chaque idée convient avec elle-même et qu'elle est ce qu'elle est, et qu'au contraire toutes les idées distinctes disconviennent entre elles, c'est-à-dire que l'une n'est pas l'autre : ce qu'il voit sans peine, sans efforts, sans faire aucune déduction, notre entendement ne pouvant penser clairement et distinctement qu'à une seule chose à la fois.

Les *axiomes* ne sont donc pas seuls évidents ; toute idée et tout nom distinct en est là. Les axiomes seraient infinis. Aussi sont-ils inutiles : ils ne sont et n'ont jamais été les fondements d'aucune science. Ils ne sont d'aucun usage pour prouver ou pour confirmer des propositions plus particulières, qui sont évidentes par elles-mêmes. Ainsi l'enfant à qui l'on a pris une partie de sa pomme, ne recourt à aucun axiome pour savoir que sa pomme n'est plus entière, de même, on est certain sans preuve par les principes que $1 + 1 = 2$. Il s'ensuit donc, ou que toute connaissance ne dépend point de certaines vérités déjà connues et de ces maximes générales qu'on nomme principes, ou que ces propositions-là sont autant de principes. Les axiomes peuvent même induire en erreur : telle est la définition du corps par l'étendue, ou sont simplement frivoles, tautologiques : le plomb est un métal. Du reste, les propositions particulières précèdent et provoquent les axiomes et les maximes abstraites.

Les idées abstraites sont évidentes, étant notre œuvre. Parmi les existences, nous avons une connaissance intuitive de la nôtre, et de la nôtre seulement. « Pour ce qui est de *notre existence,* nous l'apercevons avec tant d'évidence et de certitude que la chose n'a pas besoin et n'est point capable d'être démontrée par aucune preuve. Je pense, je raisonne, je sens du plaisir et de la douleur ; aucune de ces choses peut-elle m'être plus évidente que ma propre existence ? Si je doute de toute autre chose, ce doute même me convainc de ma propre existence et ne me permet pas d'en douter ; car si je connais que je sens de la douleur, il est évident que j'ai une perception aussi certaine de ma propre existence que de l'existence de la douleur que je sens ; or si je connais que je doute, j'ai une perception aussi certaine de l'existence de la chose qui doute, que de cette pensée que j'appelle doute. C'est donc l'expérience qui nous convainc que nous avons une connaissance intuitive de notre propre existence, et une infaillible perception intérieure que nous sommes quelque chose. Dans chaque acte de sensation, de raisonnement ou de pensée, nous sommes intérieurement convaincus en nous-mêmes de notre propre être, et nous parvenons sur cela au plus haut degré de certitude qu'il est possible d'imaginer. » Inutile de signaler l'influence cartésienne sur ce morceau.

2° *Connaissance démonstrative.* — Démontrer c'est percevoir la convenance ou disconvenance des idées, au moyen d'autres idées intermédiaires appelées preuves. Entre chacune de ces idées intermédiaires doit exister une liaison constante, immuable, visible. L'intuition est absolument nécessaire pour passer de l'une à l'autre, de sorte que, sans intuition, il n'y a ni connaissance, ni certitude.

C'est la *raison* qui « infère », c'est-à-dire perçoit la liaison des idées à chaque degré de la déduction. Ces degrés sont au nombre de quatre. Le premier et le plus important consiste à découvrir des preuves ; le deuxième, à les ranger régulièrement et dans un ordre clair et convenable qui fasse voir nettement et facilement la connexion et la force de ces preuves ; le troisième, à apercevoir leur connexion dans chaque partie de la déduction, et le quatrième, à tirer une juste conclusion du tout. Toute démonstration mathématique a ces quatre degrés. Aussi la connaissance mathématique est-elle intuitive, et le plus haut point de toute la certitude humaine : les idées mathématiques pouvant être immédiatement comparées par elles-mêmes, l'une avec l'autre.

En effet, ce qui fait la certitude rigoureuse des *mathématiques*, c'est que chaque idée, chaque figure étant claire et distincte par elle-même, indépendamment des autres, on peut en déduire les propriétés adéquatement. Ainsi, renfermant toute l'essence de l'ellipse, par exemple, dans une idée précise, nous en déduisons les propriétés et nous voyons démonstrativement comment elles en découlent et en sont inséparables, sans que nous ayons à les chercher dans des rapports à d'autres figures. Dans la recherche mathématique, chaque partie de l'opération n'est donc qu'un « progrès » de l'esprit qui envisage ses propres idées et qui considère leur convenance ou leur disconvenance ; l'esprit opère un passage d'idées claires, distinctes et complètes à d'autres idées de même nature, sans avoir besoin de recourir aux axiomes, mais par des intuitions successives et progressives. Jusqu'où peut aller l'entendement dans cette poursuite de relations idéales, il est difficile de le conjecturer : l'algèbre le prouve.

Locke marque très justement les caractères propres des sciences mathématiques : déductives, idéales, infiniment progressives. Quelque idéales qu'elles soient, le mathématicien est assuré que tout ce qu'il fait sur ses figures, se trouverait aussi véritable, si elles venaient à exister réellement.

De ces caractères des mathématiques, il suit qu'étant idéales et abstraites, elles sont certaines et universelles. Et ce point est de la plus haute importance dans la philosophie de Locke. *Seules les connais-*

sances abstraites, parce qu'idéales, parce qu'elles ne consistent qu'en des relations entre idées, *sont universelles, donc certaines*. D'où cette autre conséquence : rien de ce qui appartient au domaine de l'expérience n'étant universel, n'est certain. Pour l'universalité, notre connaissance suit la nature de nos idées. Lorsque les idées, dont nous apercevons la convenance ou la disconvenance, sont abstraites, notre connaissance est universelle. Car ce qui est connu de ces sortes d'idées générales, sera toujours véritable de chaque chose particulière, où cette essence, c'est-à-dire cette idée abstraite, doit se trouver renfermée, et ce qui est une fois connu de ces idées, sera continuellement et éternellement véritable. Ainsi, pour tout ce qui est de toutes les connaissances générales, c'est dans notre esprit que nous devons les chercher et les trouver uniquement ; et ce n'est que la considération de nos propres idées qui nous les fournit. Les vérités qui appartiennent aux essences des choses, c'est-à-dire aux idées abstraites, sont éternelles ; et l'on ne peut les découvrir que par la contemplation de ces essences, de même que l'existence des choses ne peut être connue que par l'expérience. « Toute notre connaissance générale est uniquement renfermée dans nos propres pensées, et ne consiste que dans la contemplation de nos propres idées abstraites. » Ces sortes d'idées sont véritablement des vérités éternelles, puisque tout esprit, toute intelligence doit les comprendre comme nous. Non point qu'elles soient gravées dans l'entendement de toute éternité, mais parce qu'elles impliquent immuablement les mêmes rapports invariables.

Le *syllogisme* n'est point une véritable démonstration. Encore qu'il ne soit jamais indispensable, il n'est utile qu'à montrer la connexion des preuves dans un seul exemple, et non au delà, et à découvrir une fausseté cachée. Toutefois, il peut être faux lui-même, il ne suffit donc pas. Pour plus de clarté, tout syllogisme devrait être ramené à la seconde figure *(præ-sub)*. Au fond, il ne trouve rien, exigeant une « provision générale » qui lui vient des connaissances particulières.

Une seule existence peut être prouvée démonstrativement : celle de *Dieu*, seule exception à la contingence du réel. — L'idée de Dieu n'est pas innée. Cependant, on peut dire qu'en donnant à notre esprit les facultés dont il est orné, il ne s'est pas laissé sans témoin. Son existence est la vérité la plus aisée à découvrir par la raison, et son évidence égale celle des démonstrations mathématiques. Pour cela, nous n'avons besoin que de faire réflexion sur nous-mêmes et sur la connaissance indubitable que nous avons de notre propre existence. Il n'y a pas de vérité plus certaine et plus évidente que celle-ci : que les perfections invisibles de Dieu, sa puissance éternelle et sa divinité sont devenues visibles depuis la création du monde, par la connaissance que nous en donnent ses créatures. Si donc nous savons que quelque être réel existe et que le non-être ne saurait produire aucun être *(non-entity cannot produce any real being)*, il est d'une évidence mathématique que quelque chose a existé de toute éternité, puisque ce qui n'est pas de toute éternité a un commencement, et que tout ce qui a un commencement doit avoir été produit par quelque autre chose.

La matière, en particulier, ne peut rien produire : ni mouvement, ni pensée, ni surtout sa propre existence. Si nous ne voulons pas supposer un premier être éternel, la matière ne peut donc jamais commencer d'exister. Si nous disons éternelle la matière destituée de mouvement, le mouvement n'a jamais commencé. Si nous supposons la matière et le mouvement seuls existants et seuls éternels, la pensée n'a pu commencer. S'il y eut un temps sans être connaissant, la connaissance n'a jamais existé. Puisque la liberté modifie le corps, la création devient compréhensible.

Locke n'ajoute, en somme, rien à l'argument classique de la contingence. Quant au raisonnement ontologique, il est faux. Il ne faut pas prendre pour seule preuve de l'existence de Dieu l'idée que « quelques personnes » (Locke insiste) ont de ce souverain être ; car il est évident qu'il y a des gens qui n'ont aucune idée de Dieu, qu'il y en a d'autres qui en ont une telle idée qu'il vaudrait mieux qu'ils n'en eussent point du tout, et que la plus grande part en ont, une idée « telle que ». Des nations entières, tels les Siamois et les Chinois, sont sans idée de Dieu, quoique ce ne soit que faute de réflexion de leur part.

Pour concevoir la nature de Dieu, nous étendons à l'infini des idées simples que nous recevons par la réflexion : existence, connaissance, puissance, félicité, etc., dont la possession est une perfection. D'autres fois, Locke interdit cette analogie : ainsi dans une lettre à Collins, quelques semaines avant sa mort.

3° *Connaissance sensitive*. — Si nous avons une connaissance intuitive de notre existence, et une connaissance démonstrative de l'existence de Dieu, pour l'existence de toutes les autres choses, nous n'en avons qu'une connaissance par sensation. Puisque leur existence n'a aucune connexion nécessaire avec leur idée, elle ne peut donc nous être connue que par l'expérience sensible, par l'impression actuelle qu'elle fait sur nous. La connaissance sensitive est toutefois beaucoup plus étendue que les deux autres, quoique notre ignorance l'emporte de beaucoup sur notre science. En sont causes : le manque d'idées, le défaut de connexion visible entre nos idées, notre négligence à les examiner exactement.

La connaissance sensitive atteint un degré d'évidence qui nous élève au-dessus du doute. Car il y a une différence tout à fait sensible entre songer qu'on est dans le feu et y être actuellement. Les choses existent donc ; c'est certain. Et nulle existence n'est plus certaine, sauf celle de Dieu et la nôtre. Mais cette certitude ne dure que le temps de la sensation. Ainsi cet homme ou plutôt cette « collection d'idées simples que je suis accoutumé à appeler homme », que je viens de voir, peut ne plus exister. Son existence actuelle, en effet, n'a pas de connexion nécessaire à son existence antérieure. De mille façons il a pu cesser de vivre. « Et c'est pourquoi, bien qu'il soit hautement probable que des millions d'hommes existent maintenant, cependant, pendant que je suis là seul à écrire ceci, je n'en ai pas cette certitude que strictement nous appelons connaissance ; bien que la grande vraisemblance du fait me fasse dépasser le doute, et bien que ce soit raisonnable que je fasse plusieurs choses dans l'assurance qu'il y a maintenant des hommes dans le monde. Mais ce n'est là que probabilité, non connaissance. »

Il semble bien que Locke ouvre la voie au phénoménisme de Hume et de Stuart Mill, pour qui une chose quelconque est un groupe de possibilités permanentes de sensations.

Admettons que les choses existent. Comment les connaître ? Les connaissons-nous telles qu'elles sont, en elles-mêmes, dans leur *nature* réelle ? Locke est franchement idéaliste en principe. Il est évident pour lui que l'esprit ne connaît pas les choses immédiatement, mais seulement par l'intervention des idées qu'il en a. Par conséquent, notre connaissance n'est réelle qu'autant qu'il y a de la conformité entre nos idées et la réalité des choses. Quel sera donc notre critérium ? Comment l'esprit qui n'aperçoit rien que ses propres idées, connaîtra-t-il qu'elles conviennent avec les choses mêmes ?

Un premier biais se présente. Les *idées simples* sont toutes vraies. En effet, elles sont toutes tirées des choses mêmes. Puisque l'esprit ne saurait en aucune façon se les former lui-même, il faut nécessairement qu'elles soient des productions naturelles et régulières de choses existantes hors de nous qui opèrent réellement sur nous. Elles ont donc toute la conformité à quoi elles soient destinées ou que notre état exige ; car elles nous représentent les choses sous les apparences que les choses sont capables de produire en nous, de par la sagesse et la volonté de Dieu. Aussi les idées sensibles sont-elles, pour l'ordinaire, fort semblables chez les différents hommes ; et on se trompe rarement sur leur nom. Le propre des idées est donc d'être telles précisément que l'expérience nous les fait connaître, quoique nous ne connaissions pas la manière dont elles sont produites en nous.

Qu'est-ce à dire ? Les idées simples sont des « copies » ; mais Locke s'empresse de dire que ce ne sont peut-être pas des copies fort exactes. Alors, il distingue les idées, en tant qu'elles sont des perceptions dans notre esprit, et en tant qu'elles sont, dans les corps, des modifications de la matière qui produit les perceptions dans l'esprit. Nos idées ne sont pas de véritables images ou ressemblances de quelque chose d'inhérent dans le sujet qui les produit. La plupart des idées de sensation ne ressemblent pas plus aux choses que les mots. Les idées en général, de sensation ou de réflexion, n'ont « aucune proportion » avec les choses, soit pour le monde matériel, soit pour le monde intellectuel, qui est dans une « obscurité impénétrable », puisque nous n'avons pas une idée claire et distincte de la substance elle-même qui est le fondement de tout le reste.

Quelle est la véritable pensée de Locke ? Les idées simples sont-elles vraies, objectives, conformes à la nature réelle des choses ? Si les qualités secondes sont subjectives, dépendant de nous, les qualités premières le sont-elles également ? Les qualités premières sont constitutives des corps, il faut le maintenir, à l'encontre des qualités secondes ; mais elles constituent les corps *tels que nous les connaissons*. Nous ne pouvons en dire davantage. Et Locke est de cet avis. Et c'est pourquoi il semble parfois si proche de Kant.

Quelque conformité que ces idées simples aient avec les objets, elles nous sont données, elles composent, constituent notre connaissance. Elles forment nos idées de *substances*, c'est-à-dire de collections de certaines qualités que nous avons remarqué coexister dans un soutien inconnu. Les idées simples existantes, nous avons le droit de les joindre hardiment, et nous formons ainsi des idées abstraites de substances, car tout ce qui a été uni une fois dans la nature peut l'être encore. Nous acquérons par là, quoique en très petit nombre, des vérités certaines, universelles et utiles. Si l'or est toujours malléable, la malléabilité devient un des caractères spécifiques de l'or. Ainsi se forment les *essences nominales* des choses. Cette essence nominale toutefois ne dépasse pas les idées simples qui la composent, en dehors desquelles rien n'est susceptible d'une certitude universelle. Encore cette collection d'idées simples est-elle imparfaite ; l'essence nominale peut renfermer plus ou moins ou d'autres idées qu'il ne conviendrait. Mais surtout, nos idées abstraites des substances ne contiennent pas toutes les idées simples qui sont mises dans les choses mêmes. Les qualités, en effet, sont des puissances, c'est-à-dire des relations à d'autres substances. Nous ne pouvons jamais être assurés de connaître toutes les puissances qui sont dans un corps, car elles sont infinies. Ainsi, nous ne connaissons peut-être pas la millième partie des propriétés qu'on peut découvrir dans l'or. L'essence nominale cependant exige que les idées dont elle est composée soient tellement unies qu'elles ne forment qu'une idée, quelque complexe qu'elle soit, et que les idées particulières ainsi unies soient exactement les mêmes, sans qu'il n'y en ait ni plus ni moins. L'essence d'une chose est, par rapport à nous, toute l'idée complexe, comprise et désignée par un certain nom, lequel fait l'office d' « étendard ».

Mais précisément, cette essence nominale serait-elle strictement et adéquatement déterminée, les qualités, propriétés et puissances seraient-elles toutes connues, unies et cohérentes, tous ces assemblages et constructions d'idées seraient vains. La substance réelle et concrète resterait inconnue. Car nous ne savons pas quelle est la constitution des substances d'où dépendent nos idées simples. Si nous pouvions avoir et si nous avions actuellement, dans notre idée complexe, une collection exacte de toutes les secondes qualités d'une certaine substance, nous n'aurions pourtant pas, par ce moyen, une idée de l'essence de cette chose ; elles ne sont pas l'essence, mais en dépendent et en découlent. L'essence nominale des substances (au contraire de ce qui a lieu pour toutes les idées simples et, parmi les idées complexes, pour les modes, où l'essence nominale et l'essence réelle sont une seule et même chose) est entièrement différente de leur essence réelle.

Et cependant, il est hors de doute qu'il doit y avoir quelque constitution réelle, d'où cette collection d'idées simples coexistantes doit dépendre, comme de leur soutien et comme de la cause de leur union. Parler de forme substantielle, c'est se servir d'une expression intelligible. L'essence réelle d'un corps ne peut être autre chose que la figure, la grosseur et la liaison de ses parties solides insensibles. « J'ai suivi l'hypothèse de la philosophie *corpusculaire,* comme celle qui peut nous conduire plus avant dans l'explication des qualités des corps ; et je doute que l'entendement humain, faible comme il est, puisse en substituer une autre qui nous donne une plus ample et plus nette connaissance de la connexion nécessaire et de la coexistence des puissances qu'on peut observer unies en différentes sortes de corps. » Les « corpuscules insensibles » sont, en effet, les parties actives de la matière, qui ne peut agir que par elles, et les grands instruments de la nature. « Je ne doute point que si nous pouvions découvrir la figure, la grosseur, la contexture et le mouvement des petites particules de deux corps particuliers, nous ne puissions connaître, *sans le secours de l'expérience,* plusieurs des opérations qu'ils seraient capables de produire l'un sur l'autre, comme nous connaissons présentement les propriétés d'un carré ou d'un triangle. Par exemple, si nous connaissions les affections mécaniques des particules de la rhubarbe, de la ciguë, de l'opium et d'un homme, comme un horloger connaît celle d'une montre, nous serions capables de dire *d'avance* que la rhubarbe *doit* purger un homme, etc. »

Le rêve de Locke serait donc de ramener la physique à la mathématique, la connaissance des choses à la science des idées, des relations abstraites : l'abstrait seul étant universel et certain. Locke ne conçoit que la science *déductive*.

Or, quand il s'agit de substances existantes, une telle connaissance est complètement impossible. Certes, si essence nominale et essence réelle concordaient, les propriétés d'un corps pourraient être déduites de son idée, et nous connaîtrions la connexion nécessaire qu'elles auraient avec cette idée, comme les choses se passent en mathématiques. Mais en physique cette déduction nous échappe.

Quelques qualités dépendent manifestement les unes des autres : la figure et l'extension, le mouvement et la solidité. Nous savons également que certaines qualités sont incompatibles entre elles : deux odeurs ou deux couleurs différentes dans le même objet et par rapport au même sens individuel. Hormis ces rares cas, dans lesquels la connexion ou l'incompatibilité des qualités est manifeste, leur déduction est impossible. Les affections mécaniques des corps n'ont aucune liaison avec les idées sensibles qu'elles produisent en nous : aucune liaison n'est concevable entre une impulsion d'un corps et une perception de couleur ou d'odeur. Ainsi nous disons que l'or est jaune, malléable, fusible, plus pesant que tout autre métal ; toutes ces qualités sont pour nous sans lien entre elles. La malléabilité, par exemple, ne dépend pas de la couleur ni la fixité de la malléabilité. Quelques qualités premières manifestent leur dépendance réciproque : des qualités premières aux qualités secondes, il n'y a pas de connexion visible, de même qu'entre les qualités secondes.

Il s'ensuit d'abord que nous ne pouvons pas connaître certainement quelles autres qualités coexistent nécessairement avec de telles combinaisons ou en sont exclues ; puis, que, ne pouvant pas dépasser en ces matières les données de l'expérience, les liaisons révélées par elles, liaisons non nécessaires, nous n'avons que fort peu de connaissances générales, certaines et indubitables sur les substances. Il n'est pas possible d'affirmer que tout or est fixe, parce que la fixité n'est pas nécessairement liée à la couleur, à la pesanteur ou à aucune autre idée simple qui entre dans l'idée complexe d'or. Evidemment, le cours ordinaire des choses est constant et régulier ; mais nous ne pouvons attribuer cet ordre qu'à la détermination arbitraire d'un agent tout sage qui leur a prescrit une loi à nous inconnue.

La science des corps ne peut donc pas se constituer déductivement, en tirant, par le raisonnement, des propriétés logiquement liées, d'une définition abstraite posée une fois pour toutes. La physique a pour base l'expérience et ne la dépasse point. J'affirme un certain nombre de qualités d'une même substance, selon les liaisons particulières que me fournit l'observation.

Pratiquement, notre connaissance nous permet de ranger les êtres sous des *espèces*. Leur compréhension, il est vrai, reste flottante et incertaine ; mais la régularité de la nature nous assure suffisamment de leur extension. L'énumération reste douteuse irrémédiablement ; le nombre des individus qui les possèdent est plus facilement déterminable. On ne peut guère douter cependant que plusieurs des individus qui portent le même nom, ne soient aussi différents l'un de l'autre dans leur constitution intérieure que plusieurs de ceux qui sont rangés sous différents noms spécifiques.

Bien entendu, nous avons raison de penser que là où les facultés ou la figure extérieure sont si différentes, la constitution intérieure n'est pas exactement la même : mais il est impossible de préciser. La différence qu'il y a entre l'imbécile et le magot est seulement que le premier n'a pas de poils ; il est intermédiaire entre l'homme et la bête. Les monstres sont-ils hommes ? Il y a des « qualités directrices et caractéristiques », il est vrai : la forme extérieure dans les espèces qui se perpétuent par semence, la couleur surtout dans les autres. Les classifications sont, en somme, plutôt volontaires et suggérées par le besoin. Le genre est une conception partielle de ce qui est dans les espèces, l'espèce n'est qu'une idée partielle de ce qui est dans chaque individu. Nous devons nous efforcer de rendre nos idées d'espèces aussi complètes que possible en rendant chaque idée claire et distincte et en ne dépassant pas l'expérience. Par là nous éviterons les propositions frivoles.

Classer des espèces nous est permis. Mais l'étude des corps peut-elle devenir vraiment scientifique ? Locke répond non. Nous ne savons des propriétés et puissances des corps que ce qu'un petit nombre d'expériences peut nous en apprendre. Mais de savoir si nos expériences réussiront *une autre fois*, c'est de quoi nous ne pouvons être certains. Et c'est là ce qui nous empêche d'avoir une connaissance certaine des vérités universelles, touchant les corps naturels, car, sur cet article notre raison ne nous conduit guère au delà des faits particuliers. Pour les choses physiques, « je suis tenté de croire que nous ne pourrons jamais parvenir à une connaissance scientifique », parce que nous n'avons pas d'idée parfaite et complète, même des corps qui sont le plus près de nous et le plus à notre portée.

Une expérience ne prouve que pour un corps. Puisque nos expériences sont toutes particulières, tout ce qui est permis, c'est de « conjecturer par analogie » quels effets il est probable que de pareils corps produiraient dans d'autres expériences. Ainsi, il n'est que probable que des hommes mourront, que le soleil se lèvera demain, la connaissance ne dépassant pas la sensation actuelle. La physique n'est donc pas capable de devenir une science entre nos mains, et c'est perdre sa peine que de s'engager dans une telle recherche. Il est préférable de s'occuper de morale et et de son éternité.

Le domaine des choses physiques est livré à la simple *probabilité*. Nous ne pouvons même y atteindre qu'un « crépuscule de probabilité. » Tandis que la démonstration est certaine et intuitive successivement, la probabilité n'est que l'apparence de la convenance ou de la disconvenance des idées, par l'intervention de preuves dont la connexion n'est point constante et immuable, ou du moins n'est pas aperçue comme telle, mais paraît l'être, apparence qui suffit à porter l'esprit à juger que la proposition est vraie ou fausse, plutôt que le contraire. La probabilité n'est donc qu'une vraisemblance ; l'esprit a la croyance, l'assentiment ou l'opinion, non la connaissance et la certitude. A l'égard de ce qu'on nomme croyance, ce qui me fait croire est quelque chose d'étranger à ce que je crois, qui n'y est pas joint évidemment par les deux bouts. La convenance ou disconvenance des idées est alors simplement « présumée », l'esprit s'appuyant sur des observations fréquentes et ordinaires. C'est le propre du « jugement » de suppléer ainsi à la démonstration. Tel est le cas pour toutes les constitutions et toutes les propriétés communes des corps, et pour la liaison régulière des causes et des effets qui paraît dans le cours ordinaire de la nature, et d'où nous tirons des arguments dits de la nature des choses. Ces sortes de probabilités approchent si fort de la certitude qu'elles règlent nos pensées aussi absolument et ont une influence aussi entière sur nos actions, que la démonstration la plus évidente ; et dans ce que nous concevons, nous ne faisons que peu ou point de différence entre de telles probabilités, et une connaissance certaine. Notre connaissance se change en « assurance », lorsqu'elle est appuyée sur de tels fondements.

Si la certitude convient aux mathématiques, parce

qu'elles sont susceptibles de démonstration universellement valable, la physique doit se contenter d'une probabilité, pratiquement équivalente à l'évidence. La médecine aussi est destinée à rester toujours empirique, les causes des phénomènes étant inconnues. (Fragment sur l'anatomie, 1668-9). Cela n'empêchait pas Locke de dresser de longues listes (trouvées après sa mort) de qualités sensibles accompagnées, comme Boyle lui avait appris à le faire, de l'explication mécanique hypothétique de leur production.

Mais l'*esprit* n'est pas plus connu que la matière. Nous avons une idée aussi claire — ou plutôt également obscure — de la substance de l'esprit que de la substance des corps ; l'esprit n'est pas plus difficile à concevoir qu'une chose étendue, et nous n'en pouvons pas plus nier l'esprit que le corps. Nous comprenons aussi peu comment les parties du corps sont jointes ensemble, que de quelle manière nous apercevons le corps ou le mettons en mouvement : « Ce sont pour moi deux énigmes également impénétrables. » L'expérience nous fait voir tous les jours des preuves évidentes du mouvement produit par l'impulsion et par la pensée, mais nous ne pouvons guère comprendre comment cela se fait. L'esprit nous fournit à tout moment des idées claires de l'un et de l'autre fait ; mais nos pensées ne peuvent rien ajouter à ces idées, au delà de ce que nous y découvrons par la sensation ou par la réflexion. Que si nous voulons rechercher, outre cela, leur nature, leurs causes, etc., nous apercevons bientôt que la nature de l'étendue ne nous est pas connue plus nettement que celle de la pensée. D'où il paraît fort probable que les idées simples que nous recevons de la sensation et de la réflexion, sont les bornes de notre pensée, au delà desquelles notre esprit ne saurait avancer d'un seul point, quelque effort qu'il fasse pour cela ; et par conséquent, c'est en vain qu'il s'attacherait à rechercher avec soin la nature et les causes secrètes de ces idées, il ne peut jamais y faire aucune découverte.

D'une façon évidente, la sensation nous fait connaître qu'il y a des substances solides et étendues, et la réflexion qu'il y a des substances qui pensent. Le corps et l'âme sont unis en nous, et toutes les idées tirent manifestement leur origine de cette union. C'est faute de réflexion uniquement que nous sommes portés à croire que nos sens ne nous présentent que des choses matérielles. Chaque acte de sensation nous fait également envisager des choses corporelles et des choses spirituelles. Car, dans le temps que nous voyons ou entendons, je connais qu'il y a quelque être corporel hors de moi qui est l'objet de cette sensation, je sais, d'une manière encore plus certaine, qu'il y a au dedans de moi quelque être spirituel qui vit et entend. Je ne saurais éviter d'être convaincu en moi-même que cela n'est pas l'action d'une matière purement insensible, et ne pourrait jamais se faire sans un être pensant et immatériel.

Nos idées simples et « originales » nous permettent, nous forcent même à distinguer nettement les corps des esprits. Les corps ont la cohésion, la solidité et la mobilité ou capacité de transférer le mouvement. Les esprits, en tant qu'opposés aux corps, ont la perceptivité ou conscience ou pouvoir de penser, et la motivité ou pouvoir d'agir, de mouvoir les corps. De plus, corps et esprits ont existence, durée, nombre. Cependant, la cohésion nous est incompréhensible : la pression de l'éther ou toute autre pression ne suffit pas à l'expliquer, surtout aux extrémités de l'univers. L'origine du mouvement est également inintelligible, à moins qu'on ne la rapporte à Dieu, la pesanteur ne s'explique que par la volonté divine. Sur ce sujet, tantôt Locke soutient que la seule considération des idées abstraites de mouvement et de matière ne saurait expliquer aucun des phénomènes de la nature, tantôt il reconnaît dans cette possibilité d'explication l'incontestable supériorité des modernes sur Aristote. Locke avoue également ne trouver dans la notion d'un esprit rien de plus embrouillé ou qui approche davantage de la contradiction, que la divisibilité infinie d'une étendue finie, notion essentielle et caractéristique des corps. Aussi, les hommes accoutumés à penser et qui ont l'esprit le plus étendu, se trouvent-ils embarrassés et arrêtés par l'examen de chaque particule de matière. « Je voudrais bien savoir quelle est la substance actuellement existante qui n'ait pas en elle-même quelque chose qui passe visiblement les lumières de l'esprit humain. » Evidemment, ceci vise Descartes. Il est impossible de déterminer par une idée claire et distincte l'essence du corps ou de l'esprit. L'essence du corps n'est pas plus l'étendue que celle de l'âme n'est la pensée.

Descartes est même le premier philosophe qui ait trouvé une contradiction entre la matière et la pensée et c'est pourquoi il prive les bêtes, dont l'âme est matérielle, de sentiment. Mais l'*immatérialité* de l'âme, quoique très probable (la révélation surtout survenant) n'est point démontrable. Toutes les grandes fins de la morale et de la religion sont établies sur d'assez bons fondements sans le secours des preuves de l'immatérialité de l'âme tirées de la philosophie. Quiconque considérera combien il est difficile de concilier, dans notre pensée, la sensation avec une matière étendue, et l'existence avec quelque chose qui n'a absolument point d'étendue, confessons qu'il est fort éloigné de connaître certainement ce que c'est que son âme. C'est là un point qui semble tout à fait au-dessus de notre connaissance, aussi peut-on conjecturer que les esprits ont de la matière. Locke constate les rapports de l'âme et du corps, et les déclare inintelligibles.

Il soutint même à ce sujet une controverse avec Stillingfleet, cartésien. Si Dieu, soutenait Locke, a joint à la matière le sentiment et le mouvement spontané, il eût pu tout aussi bien y ajouter la pensée, la raison, la volition. Pour d'anciens penseurs, comme Cicéron ou Virgile, l'esprit n'était autre chose qu'une matière subtile : vent, feu, éther.

Si Locke maintient le dualisme dans ses explications ordinaires des faits, il le ruine théoriquement par son principe que la substance pensante n'est pas nécessairement immatérielle.

Quant à la substance, d'une façon générale, Locke affirme son existence comme telle, comme substrat et comme lien des propriétés, mais il nie qu'elle soit connaissable. Il est très proche de la pensée kantienne et suit fidèlement ses prédécesseurs : Hobbes, Wallis, Ward, Boyle, qui déjà avaient critiqué la notion de substance. Il lui a manqué de voir que c'était une exigence de la pensée, une loi formelle, une catégorie de l'entendement.

D'après Locke, la connaissance est la perfection de la convenance ou de la disconvenance entre les idées. Cette convenance est de quatre sortes : identité, relation, coexistence ou connexion nécessaire, existence réelle. L'identité se révèle intuitivement à propos de chaque idée abstraite, sans l'aide des axiomes ou du syllogisme. La relation constitue les mathématiques, qui ne concernent que les idées et sont par conséquent universelles et certaines. La coexistence a pour domaine les substances et donne lieu à la simple probabilité. L'existence réelle est intuitive pour le moi, démonstrative pour Dieu, sensitive pour tout le reste (sauf pour les esprits dont témoigne la révélation). En règle générale, sauf pour le moi et pour Dieu, la certitude vraie et absolue est limitée aux deux premiers ordres de convenance.

La pratique morale

Locke n'a consacré à l'éthique aucune étude spéciale. Il ne traite des choses de la morale qu'accessoirement, incidemment, à propos d'autres questions, des idées innées, des relations, de la déduction mathématique. Mais là encore, il a des aperçus significatifs, des remarques, des suggestions intéressantes à noter.

De toute façon, la considération morale est importante. La moralité établie sur ses vrais fondements ne peut pas ne pas déterminer la volonté de celui qui prend seulement le soin de l'examiner.

D'abord, aucune idée ou principe moral n'est inné. S'ils ne sont pas aussi évidents que les principes spéculatifs, les principes de la morale sont également véritables. Leur refuser l'innéité, ce n'est pas affaiblir leur certitude. Ce n'est que par des raisonnements, par des discours et par quelque application d'esprit qu'on peut s'assurer de leur vérité. Comment pourrait-on mettre à l'épreuve des principes gravés naturellement ? Nous devons agir d'après notre conscience ou opinion que nous avons de la rectitude morale ou de la perversité ; les principes seraient alors opposés les uns aux autres : ils ne sont donc pas innés. Enfin, une règle de pratique qui est violée en quelque endroit du monde, d'un consentement général et sans aucune opposition, ne saurait passer pour innée : une loi innée doit être accompagnée de la connaissance claire et certaine d'une punition indubitable.

Certes, la justice et la vérité sont des lieux communs de toute société ; relativement aux contrats, on s'accorde généralement entre hommes. Il est évident que la nature a mis dans chacun l'envie d'être heureux et une forte aversion pour la misère. Ce sont là des principes de pratique véritablement innés ; mais ce sont là des inclinations de notre âme vers le bien et non pas des impressions de quelque vérité qui soit gravée dans notre entendement. Il n'y a pas de règle morale dont on ne puisse demander la raison avec justice, tandis qu'un principe inné doit être si évident par lui-même qu'on n'ait besoin d'aucune raison pour le recevoir avec un entier consentement.

La vertu (mot équivoque) est généralement approuvée, non parce qu'elle est innée, mais parce qu'elle est utile. Le bien et le mal, en effet, n'est que le plaisir ou la douleur, ou bien ce qui est l'occasion ou la cause du plaisir ou de la douleur. C'est entendu : le bien est identique au plaisir, le mal à la douleur. Mais ce n'est pas à tout plaisir que le bien est conforme ; et Locke n'est point hédoniste ou épicurien. De cette identité, il conclut, au contraire, que le bien ou le mal, considéré moralement, n'est autre chose que la conformité ou l'opposition qui se trouve entre nos actions volontaires et une certaine loi : conformité ou opposition qui nous attire du bien ou du mal, par la volonté et la puissance du législateur. Et ce bien ou ce mal (lequel n'est autre que le plaisir ou la douleur que la détermination du législateur a uni à l'observation ou à la violation de la loi), c'est ce que nous appelons récompense et punition. La sanction divine domine donc toute la morale, règle la sensibilité. Il serait, en effet, entièrement inutile de supposer une loi imposée aux actions libres de l'homme, si l'on n'y joignait pas quelque bien ou quelque mal qui pût déterminer la volonté. Il faut donc que partout où l'on suppose une loi, l'on suppose aussi quelque peine ou quelque récompense attachée à cette loi, c'est-à-dire quelque bien ou quelque mal qui ne soit pas la production et la suite *naturelle* de l'acte même. La morale de Locke n'est donc pas la morale du plaisir, ni la morale utilitaire, pour qui la sanction est la conséquence naturelle des actions. Elle est foncièrement théologique : le véritable fondement de la bonne conduite ne peut être que la volonté ou la loi de Dieu. Les principes moraux sont fondés sur la raison ou nature des choses, indépendamment de considérations utilitaires.

Il y a trois sortes de lois auxquelles les hommes rapportent en général leurs actions, pour juger si elles manquent ou non de rectitude : la loi divine, la loi civile, la loi d'opinion ou de réputation. Par rapport à la première, nos actions sont devoirs ou péchés ; la seconde fonde le crime ou l'innocence ; la troisième fait les vertus et les vices. La loi divine est la seule pierre de touche de la rectitude morale. L'opinion est aussi appelée loi philosophique. La mesure de ce qu'on appelle vertu et vice et qui passe pour tel dans le monde, c'est cette approbation ou ce mépris, cette estime ou ce blâme, qui s'établit par un secret et tacite consentement en différentes sociétés. Cette règle est partout conforme, pour l'ordinaire, à la règle invariable du juste et de l'injuste, qui a été établie par la loi de Dieu. L'homme se dirige principalement, pour ne pas dire uniquement, par la loi de la coutume.

Une particularité importante des théories morales de Locke, c'est qu'il conçoit la possibilité de constituer l'éthique comme une science rigoureuse. De même que les mathématiques, les notions morales sont purement abstraites, idéales, sans aucun rapport à un archétype réel. « Je ne doute nullement qu'on ne puisse *déduire*, de propositions évidentes par elles-mêmes, les véritables mesures du juste et de l'injuste, par des conséquences nécessaires et aussi incontestables que celles qu'on emploie dans les mathématiques. » D'une façon générale, rien ne s'oppose *a priori* à ce qu'on aperçoive certainement les rapports des autres modes aussi bien que ceux du nombre et de l'étendue. « Par exemple, cette proposition : Il ne saurait y avoir injustice où il n'y a point de propriété, est aussi certaine qu'aucune démonstration qui soit dans Euclide. » Seulement, les termes sont plus incertains, étant donnée la complexité plus grande des idées morales. La morale est donc aussi capable de démonstration que les mathématiques, puisque les notions qui la composent sont toutes des « essences réelles » et de telle nature qu'elles ont entre elles une connexion et une convenance qu'on peut découvrir et affirmer, comme autant de vérités certaines, objectives et générales.

La pédagogie

Les *Pensées sur l'Education* ne sont pas un traité régulier, mais un recueil de lettres. Il n'y a pas là une systématisation d'idées, mais une série de remarques judicieuses et intéressantes.

Locke veut former un *gentleman*, un homme du monde, dans sa famille, sous la direction d'un précepteur particulier. L'éducation est la partie la plus importante, car c'est elle qui fait la différence entre les hommes et c'est la meilleure part de l'héritage qu'un père puisse léguer à son fils. Sans l'éducation, la science le rend plus impertinent et plus insupportable. Quatre choses sont à souhaiter à un jeune homme : la vertu, la prudence, les bonnes manières, l'instruction, mais celle-ci est la moindre partie de l'éducation.

Locke s'occupe de l'*hygiène*, — le premier, selon M. Compayré. Les gens du monde doivent élever leurs enfants, comme les bons fermiers et les riches paysans font pour les leurs, c'est-à-dire un peu rudement et sainement. Peu de viande et beaucoup de pain. Un gros morceau de pain bis, bien pétri, bien cuit, tantôt sec, tantôt avec du beurre ou du fromage, sera souvent pour l'enfant le meilleur des déjeuners. La seule chose où il faille lui donner pleine et entière satisfaction, c'est le sommeil : car rien ne contribue davantage à la force et à la santé. « Le grand cordial de la nature, c'est le sommeil. » En somme, quelques règles strictes et faciles à observer : beaucoup d'air, d'exercice, de sommeil, un régime simple. Dans ces recommandations, le bon Locke ne nous apparaît-il pas très moderne et très sage ?

Mais le plus important c'est la formation du *caractère*. Le grand principe, le fondement de toute vertu, de tout mérite, c'est que l'homme soit capable de se refuser à lui-même la satisfaction de ses propres désirs, de contrarier ses propres inclinations, et de suivre uniquement la voie que sa raison lui indique comme la meilleure, quoique ses appétits l'inclinent d'un tout autre côté. Pour cela, inutile de punir, sauf l'obstination ou la rébellion, et alors il faut punir jusqu'à assouplissement complet. Les enfants les plus châtiés sont les moins aptes à devenir de braves gens. L'honneur et l'estime sont les aiguillons les plus vifs à la vertu. Que les enfants prennent tout au sérieux et que tout leur soit un jeu, autant que possible. Il faut les amener au sérieux et au travail par l'agréable et le divertissement. Il ne faut pas tolérer les pleurs, parce qu'ils sont, dans le moment de la correction, « la déclaration de leurs droits », de la ferme intention qu'ils gardent de satisfaire leur désir à la première occasion. La première vertu à développer, c'est le courage, gardien et auteur de toutes les autres vertus; et puisque la douleur est ce que les enfants craignent le plus, c'est à souffrir la douleur qu'on doit les accoutumer le plus.

Quant à la politesse, dont le chapitre est si important pour le *gentleman,* la première est celle du cœur. A vingt ans on pourra lancer le jeune homme dans le monde, le faire voyager seul, après qu'on le lui aura ouvert peu à peu. Car, « le seul moyen de se défendre contre le monde, c'est de le connaître à fond ». Pour former l'homme, il faut, le plus tôt possible, le traiter en homme. Ainsi fit le père de Locke pour son fils, James Mill pour Stuart Mill.

Reste l'instruction. Les langues s'apprennent surtout par routine, sans abus de grammaire. (Locke se souvient qu'à l'école de Westminster ses maîtres firent le contraire). Le grec doit s'apprendre sans professeur ; le latin est « absolument nécessaire » à l'éducation d'un gentilhomme. « L'anglais n'est que le langage du vulgaire illettré. »

L'étude des sciences doit porter principalement sur la géographie, l'astronomie, la chronologie, l'anatomie, l'histoire, la plus grande école de la sagesse et de la science sociale, le droit civil. Les connaissances doivent être concrètes. Les exercices de style sont inutiles. Boyle et Newton ne pourront guère être dépassés. Enfin la danse et la musique sont utiles. Dernière particularité à noter : il est bon de savoir au moins un métier manuel : peinture, jardinage, agriculture ou de préférence travail sur bois. Quant aux récréations, elles ne sont pas faites pour qui ne connaît pas le labeur des affaires et n'est pas épuisé par les occupations de sa charge.

Inutile de faire remarquer le bon sens de la plupart des prescriptions de Locke et le ton général xvii° siècle : une certaine culture littéraire et scientifique très concrète et sans détail d'érudition ; de la politesse, des mœurs et un caractère muni d'un grand sens religieux. Faire trop d'études serait ne pas tenir compte de la disproportion *(disproportionateness)* de nos facultés.

Théories politiques

Les *Deux Traités sur le gouvernement* sont un ouvrage de circonstance et presque de polémique. Dans la Préface, Locke veut « affermir, dit-il, le trône de notre roi Guillaume, le grand restaurateur, démontrer son droit par l'attachement du peuple, qui est l'unique justification d'un gouvernement légitime et qu'il possède beaucoup plus qu'un autre prince de la chrétienté, et enfin justifier à la face du monde le peuple anglais dont l'amour des droits naturels et légitimes et la ferme résolution de les défendre ont sauvé la nation, alors qu'elle était à deux doigts de la servitude et de la ruine. »

Locke réfute d'abord les prétentions de l'absolutiste Filmer, pour qui la royauté serait une institution patriarcale créée par Dieu. Le pouvoir politique diffère du pouvoir du père sur ses enfants, du pouvoir du maître sur ses compagnons, du pouvoir du seigneur sur ses esclaves. Il consiste dans le pouvoir de faire des lois, d'exécuter ces lois et de protéger la société contre des actes extérieurs de violence, mais tout cela uniquement pour le bien commun. Le droit des rois, responsables devant la société, est limité à l'intérêt public.

Un pouvoir semblable ne peut être créé que par une libre entente, par un *contrat*. La société est le résultat artificiel d'un contrat potentiel. Au début, les hommes étaient libres et égaux devant la loi naturelle. Maintenant que l'état de nature a cessé, cette entente se fait facilement chaque fois que le fils prend dans la société la place du père. La famille et le pouvoir paternel, en effet, sont antérieurs à la société;

les enfants n'ont que la jouissance, non l'exercice de leurs droits.

L'entente tend essentiellement à prendre la volonté de la *majorité* pour loi, car c'est la seule façon dont la société puisse agir à l'état collectif. L'état de nature — dont Hobbes a parlé le premier — n'est pas un état de guerre, où l'instinct de conservation personnelle, base de tout, exerce et développe ses forces bonnes ou mauvaises. Cependant il implique des inconvénients auxquels on ne peut remédier que par des lois fermes, des juges impartiaux et un pouvoir exécutif. L'état de nature est déjà un état de liberté, mais la liberté peut mieux se défendre en société. Les droits naturels ne sont donc nullement supprimés quand on entre dans la société. Le droit de propriété, par exemple, est un droit antérieur, naturel, fondé sur ce que l'homme travaille la terre ou d'autres matières premières. C'est aux travailleurs et non aux paresseux que Dieu a donné le monde ; du travail découle à peu près toute valeur économique, 99 pour 100. Seulement, le droit de propriété est limité par le droit de nature : on ne peut s'approprier que ce qui suffit au besoin. L'Etat ne peut donc pas plus supprimer que fonder le droit de propriété ; sa tâche se borne à l'assurer et à le protéger. Dérivant la propriété du travail, Locke rejette le mercantilisme : la richesse d'une nation ne consiste pas seulement dans l'or ou l'argent.

Il en est de la liberté de la personne comme du droit de propriété ; l'esclavage répugne à la nature et ne peut pour cette raison être maintenu par l'Etat. — Pour la loi naturelle, Locke devance Grotius et Pufendorf.

Ce qui dans la politique de Locke a une importance particulière, c'est sa façon vigoureuse de mettre en relief le pouvoir législatif. En introduisant un pouvoir législatif, on n'érige pas de puissance arbitraire ; on délaisse précisément l'état de nature pour échapper à l'arbitraire. Le but à se proposer dans toutes les décisions, c'est de tenir le plus grand compte possible du bien général. Ce n'est qu'avec le consentement de la majorité qu'on peut prélever des impôts et des taxes : autrement on lèse le droit de propriété, car ce qu'un autre peut me prendre malgré moi, je ne le possède pas en propre. — Locke demande la *séparation des pouvoirs*, c'est-à-dire que le pouvoir législatif soit séparé du pouvoir exécutif et du pouvoir judiciaire. Le pouvoir législatif ne peut pas juger, sans risquer l'arbitraire. Le pouvoir exécutif doit être en même temps fédératif, c'est-à-dire représenter l'Etat à l'extérieur, dans ses relations avec les autres nations. Mais le pouvoir législatif est le pouvoir suprême ; la constitution de l'Etat est donnée en même temps que l'institution de ce pouvoir, et au reste celui qui légifère est supérieur à ceux qui exécutent.

Mais le pouvoir suprême est et reste au peuple, et il s'exerce lorsque le pouvoir exécutif entre en conflit avec le pouvoir législatif. Aucune puissance de la terre en dehors du peuple ne peut trancher ce différend. En vertu du droit dernier, inaliénable, de conservation personnelle, le peuple en appelle au ciel et fait triompher sa volonté. Le droit de résistance appartient donc au peuple, lorsque le roi est en discorde ouverte avec la majorité de l'assemblée représentative. Mais ce n'est pas là de la révolte : la révolte est fomentée par ceux qui transgressent les lois. Ici il s'agit de rétablir dans toute sa force le contrat et l'intérêt social. Cela n'amène pas non plus la dissolution de l'Etat, car d'abord on suppose que la majorité du peuple ressent les inconvénients qu'il s'agit de faire disparaître, et de plus le peuple ne sort pas des gonds aussi facilement qu'on le croit. Au fond, il n'y a pas de forme de gouvernement supérieure aux autres, bonne ou mauvaise en soi : tout dépend de la société. Les innovations sont plutôt dangereuses, mais la majorité a le droit de choisir le mode de gouvernement.

Ici, comme ailleurs, le point de départ de Locke

est l'expérience individuelle. Chacun a le droit de penser et d'agir librement. Il pose comme principe primordial la liberté individuelle pleine et entière.

Ses théories politiques sont en partie une réaction contre Hobbes. Il lui emprunte l'état de nature (conçu autrement, il est vrai) et le contrat. Mais il renie son absolutisme. Tandis que Hobbes sortait de l'état primitif de guerre, où la règle est la plus grande force, en proclamant l'autorité absolue d'un côté, et l'obéissance absolue de l'autre, autorité illimitée et même accompagnée du pouvoir d'oppression et de tyrannie, Locke conclut, comme Buchanan, Hooker et Sidney avant lui, à la séparation des pouvoirs, au droit de révolte et par conséquent à la souveraineté du peuple. Le *Léviathan* soutenait la cause de Charles II; les *Deux Traités sur le Gouvernement* défendent la Révolution de 1688.

L'esprit d'indépendance qui guidait Locke dans ses recherches, uni au vif intérêt qu'il portait aux grands événements de l'histoire contemporaine de sa patrie, le porta à proclamer les grands principes de la liberté du peuple, en des termes qui devaient être d'une importance décisive non seulement pour la doctrine du droit et la philosophie politique postérieures, mais encore pour l'histoire des peuples dans les siècles suivants. « Montesquieu et Alexandre Hamilton sont ses disciples, la doctrine de Rousseau de la souveraineté du peuple a en lui un appui, et la Révolution de l'Amérique du Nord et la Révolution française sont des illustrations de ce que Locke appelait l'invocation du ciel. La vie constitutionnelle des Etats modernes est essentiellement édifiée sur les principes de Locke. Les limites de toute cette philosophie politique coïncident avec les limites de la question constitutionnelle. En faisant dériver le droit de propriété du travail, Locke avait, sans le savoir, posé ce problème, qui ne devait toutefois passer au premier rang qu'à une époque bien plus reculée. » (Höffding).

La connaissance religieuse

La connaissance religieuse nous est révélée par Dieu, et suppose la foi. La foi est l'assentiment fondé sur le crédit de paroles proposées comme venant de Dieu par quelque communication extraordinaire. La révélation ne peut pas nous donner des idées simples nouvelles, puisque des mots sont les signes des idées et que le langage a rapport à l'expérience. Une révélation originale est la première impression faite immédiatement par le doigt de Dieu sur l'esprit d'un homme. Toute vérité que nous venons à découvrir clairement par la connaissance et par la contemplation de nos propres idées, sera toujours plus certaine à notre égard que celles qui nous seront enseignées par une révélation traditionnelle, et même par une révélation originale et personnelle. Car la connaissance que nous avons que cette révélation est venue premièrement de Dieu, ne peut jamais être si sûre que la connaissance que produit en nous la perception claire et distincte de la convenance ou de la disconvenance de nos propres idées. Nous ne pouvons donc jamais prendre pour vérité aucune chose qui soit directement contraire à notre connaissance claire et distincte. « Il appartient toujours à la raison de juger si c'est véritablement une révélation, et quelle est la signification des paroles dans lesquelles elle est proposée. » Et cependant, tout ce que Dieu a révélé est certainement véritable. Le *Credo quia impossibile* est absurde : il rend les hommes plus insensés que les bêtes mêmes.

En tout ceci, il faut éviter l' « *enthousiasme* ». Pour distinguer la foi de l'enthousiasme, le criterium sûr est de ne pas recevoir une proposition avec plus d'assurance que les preuves ne le permettent. La raison est une révélation naturelle ; la révélation, une raison naturelle augmentée par un nouveau fonds de découvertes émanant immédiatement de Dieu. Dieu ne détruit pas l'homme en faisant un prophète, n'éteint point la lumière naturelle d'une personne lorsqu'il vient à éclairer son esprit d'une lumière surnaturelle. Celui qui écarte la raison pour se livrer à la révélation, rejette la lumière des deux, et agit de la même façon que celui qui persuaderait un autre homme de s'arracher les yeux pour mieux recevoir la lumière éloignée d'une étoile invisible par un télescope. « La raison doit être notre dernier juge et notre dernier guide en toute chose. » La raison ne peut pas prouver la révélation, mais nous devons consulter la raison pour examiner, par son moyen, si c'est une révélation qui vient de Dieu ou non. Notre persuasion intérieure ou enthousiasme ne suffit pas.

Les signes visibles sont nécessaires pour démontrer le fait d'une révélation. Une révélation s'appuie sur des *témoignages*. Il faut donc préalablement discuter les témoignages et en établir la valeur. Cette valeur dépend du nombre, de l'intégrité, de l'habileté des témoins, du but de l'auteur, de l'accord de la relation avec ses circonstances réelles, des témoignages contraires. Le consentement général de tous les hommes dans tous les siècles donne une certitude presque mathématique : telle la croyance universelle au cours ordinaire de la nature. Une relation contraire à cet ordre universel mérite une grande réflexion ; il n'y a pas de règle précise. Chaque degré d'éloignement de la source affaiblit la force de la preuve ; les tribunaux (en Angleterre) n'acceptent pas la copie d'une copie. Et cependant, de l'histoire nous recevons avec une évidence convaincante une grande partie des vérités utiles qui viennent à notre connaissance.

Restent les choses qui ne peuvent tomber sous les sens. L'analogie est le seul secours que nous ayons dans ces matières. Les *miracles,* une fois bien attestés, trouvent non seulement créance pour eux-mêmes, mais la communiquent aussi à d'autres vérités qui ont besoin d'une telle confirmation. Locke se moque de la consubstantialité. Nous l'avons déjà vu admettre l'annihilation divine d'un corps. Il admet donc la possibilité du miracle. Rien dans l'ordre de la nature ne s'y oppose et la puissance divine le postule. Il s'est réalisé sûrement, si les attestations sont historiquement suffisantes. Evidemment, au point de vue strictement scientifique, le témoignage est un fait qu'il s'agit d'abord d'expliquer, avant de nier *à priori* son objet. — La foi est ainsi un principe d'assentiment et de certitude sûr et établi sur des fondements inébranlables, et qui ne laisse aucun lieu au doute ou à l'hésitation, puisqu'elle n'est qu'un assentiment sur la raison la plus parfaite.

La révélation, d'ailleurs, est *nécessaire.* Bien qu'en effet la nature donne un témoignage suffisant de l'existence de Dieu, les hommes n'ont pas fait un usage convenable de leur raison. Par commodité, sensualité ou peur, ils sont tombés sous la domination de prêtres superstitieux, car le petit nombre qui suivait la raison ne pouvait exercer d'influence sur la multitude. La majeure partie des hommes manquent du temps matériel et de la capacité nécessaire pour suivre la démonstration de la raison. Alors le Christ fut envoyé pour éclairer, fortifier, aider. Croire qu'il est le Seigneur et Maître, c'est une promesse de vie éternelle. Les plus lettrés, ceux-là mêmes dont la vie s'écoule au milieu de pénibles travaux, peuvent comprendre l'enseignement du Christ, tel qu'il se présente dans les Evangiles. Croire que Jésus est le Messie, cela suffit.

L'*Ecriture* est donc la grande source à étudier. Au printemps de 1695, Locke écrivait à Limborch : « J'ai soigneusement pesé cet hiver en quoi consiste la foi chrétienne. J'ai puisé à l'Ecriture Sainte même, mais j'ai écarté les opinions des sectes et des systèmes. » Il consigna les résultats de son examen dans la *Rationalité du Christianisme*. Il ne s'intéresse pas à la tradition ecclésiastique, à la vénérable organisation de l'ancienne Eglise. Toute Eglise n'est qu'un accident. Chacun est libre d'entrer dans celle qui lui plaît, il est seul juge *(sole judge)* de son salut. L'essentiel est la foi et la conviction personnelles, la sympathie avec Jésus, indépendamment de toute société organisée. Locke est contraire aux dogmes scolastiques, qui détruisent la paix et la charité. Il n'a pu trouver celui de la Trinité ni dans les évangiles, ni dans la profession de foi des apôtres. Les dogmes nécessaires sont ceux que tout le monde peut comprendre. Il ne croit ni à la grâce, ni à la damnation éternelle.

Il est *rationaliste* comme les latitudinaires Burnet, Tillotson, Fowler. L'autorité doit être raisonnée. La religion est vie et action. L'Ecriture est vraie et infaillible, mais elle veut être interprétée selon les circonstances, le milieu, le contexte, contre l' « enthousiasme ». La preuve du christianisme est son excellence morale, sa primitive simplicité, son humanité. Les miracles sont jugés par la doctrine, loin qu'ils la jugent ; les miracles physiques ont un sens moral. Le christianisme doit être accessible et intelligible à la multitude. Locke veut une religion démocratique qui n'éloigne ni les illettrés ni les misérables.

Il admet donc un supranaturatisme relatif, lequel donne lieu à un double mouvement d'idées. D'un côté, la conception de la révélation considérée comme la raison naturelle accrue et augmentée, combinée avec les virtualités leibniziennes, se retrouve dans Lessing, le plus intelligent des philosophes de l'*Aufklärung* ou philosophie des lumières. D'un autre côté, le déisme anglais sortit du latitudinarisme et du rationalisme de Locke. Le livre de Toland, *Christianity not mysterious,* paru en 1696, et brûlé publiquement à Dublin l'année suivante, semblait développer les conséquences naturelles des doctrines religieuses de

Locke. Cependant, les déistes : Toland, Collins, Tindal, etc., ne croyaient plus à aucune révélation et écartaient systématiquement tout élément religieux positif; ils n'admettaient plus que la raison. Stilling-fleet avait attaqué le *Christianisme raisonnable* de Locke dans *Vindication of the doctrine of Trinity*, qui visait surtout Toland. La mort de l'évêque de Worcester en 1699 mit fin à la polémique. Sergeant, prêtre catholique, et Thomas Burnet l'attaquèrent aussi.

Il était un chrétien *croyant*, et ses lettres, comme sa vie, témoignent de la profondeur de ses sentiments religieux. Il lisait la Bible avec ardeur, et durant ses dernières années, il composa un commentaire des lettres aux Corinthiens. Mais ce qui l'attirait le plus, c'étaient les tendances chrétiennes renfermant un minimum de dogmatisme et de hiérarchie. Pendant son séjour en Hollande, il demeura quelque temps chez un quaker avec lequel il se lia d'une intime amitié. Plus tard il accompagnait à Londres le roi Guillaume, lorsque celui-ci sous un déguisement assistait aux réunions des quakers pour connaître cette secte. Locke écrivit à une dame anglaise quaker, que c'étaient des femmes qui avaient vu les premières le sauveur ressuscité; de même maintenant ce serait peut-être encore par des femmes que la résurrection de l'esprit d'amour serait proclamée.

Par la révélation était assurée notre *immortalité*; qui, n'étant pas de l'essence de notre esprit, est conditionnelle et subordonnée au vouloir divin. La mort corporelle est la conséquence du péché. L'immortalité doit être pour nous le plus grand motif d'agir moralement.

De même, la révélation assure Locke qu'il y a des *esprits*, des anges. Ils ont la même nature que Dieu, sauf l'infinité. Du reste, nous n'en jugeons que d'après ce que la réflexion nous révèle de notre propre nature. Nous ne pouvons affirmer leur existence que d'après la révélation. Ils sont probablement mêlés de matière.

Dire qu'ils ne sont pas *in loco*, mais *ubi*, c'est se servir d'une expression inintelligible. On peut conclure avec probabilité (puisque, dans le monde matériel, nous ne remarquons ni vide ni lacunes), qu'il devrait y avoir plus d'espèces de créatures intelligentes au-dessus de nous, qu'il n'y en a de sensibles et de matérielles au-dessous. Locke admet l'existence des chérubins, des séraphins ; l'homme tient un des derniers rangs parmi tous les êtres intelligents. Notre auteur semble même attacher une grande importance à ce point des doctrines traditionnelles. Dans ses *Pensées sur l'Education*, il écrit : « Sans la notion d'esprit, notre philosophie sera boiteuse. »

Le libéralisme de Locke devait poursuivre ses conséquences. Libéral et rationaliste, individualiste, Locke devait être tolérant. Dans son *Epistola de tolerantia*, il déclare que la religion n'est pas du ressort du magistrat. Les dogmes et les rites échappent au contrôle de l'Etat. Aucune Eglise n'a de pouvoir sur une autre et l'Etat n'a pas plus de pouvoir pour supprimer les idolâtres. Si un catholique romain croit voir réellement le corps du Christ, là où un autre homme voit du pain, il ne fait aucun mal à son voisin. Mais Locke se défie du catholicisme, en qui il voit une force politique anti-anglaise avant tout. L'alliance du trône et de l'autel est le plus grand mal de l'histoire ; et les artisans des guerres de religion, des révolutions, furent les prêtres. La tolérance mutuelle est la caractéristique principale de la véritable Eglise (*the chief characteristical mark of the true church*). La grande nécessité de l'époque présente est la liberté absolue et vraie, l'égale et impartiale liberté, comme aux temps apostoliques. Quiconque, écrit-il dans un traité intitulé *Error*, examine et adopte après un examen loyal une erreur au lieu d'une vérité, a mieux accompli son devoir que celui qui admet la confession de la vérité (car il n'embrasse pas la vérité elle-même) sans avoir examiné si elle est exacte ou non. Dans ces dispositions d'esprit, il devait donc se montrer opposé aux tendances intransigeantes ressuscitées après Cromwell par l'Eglise épiscopale. Les trente-neuf articles, les cérémonies nombreuses et minutieusement réglées, lui semblaient contraires à l'esprit religieux.

Locke, comme nous l'avons vu, se rapprochait plutôt des latitudinaires : Hooker, Chillingworth, Culverwell, Barrow, Tillotson, Whichcote, etc., pour qui la religion était, avant tout, morale et ascétique, et pour qui la partie morale de la religion (qu'il faut puiser et rechercher jusque dans Platon et Plotin) ne s'altère jamais. D'après eux encore, toutes les différences dans la chrétienté portent sur les institutions, non sur la morale. Dans un tel milieu, les idées de tolérance avaient déjà germé. Cromwell garantissait la liberté de penser et Locke avait entendu John Owen, le chancelier d'Oxford, la réclamer systématiquement.

A la tolérance générale, Locke ne fait que trois exceptions. Il n'admet aucune opinion contraire à la Société ou aux règles morales exigées par le maintien de la société civile. Il interdit les religions contraires à l'Etat. Enfin il bannit les athées. Enlever Dieu, même en pensée, c'est dissoudre tout. *The taking away of God, though but even in thought, dissolves all.*

Car toute justice repose sur la récompense ou le châtiment divins. De même Rousseau, Robespierre et la Convention (décret du 18 floréal an 11) prononçaient le bannissement des athées.

Un an avant sa mort, Locke écrivait à Collins : « Aimer la vérité pour elle-même, c'est la partie la plus importante de la perfection humaine en ce monde et la pépinière de toutes les autres vertus ». Il lui écrivait encore : « Cette vie est une scène de vanité qui bientôt s'en va. *This life is a scene of vanity that soon passes away.* » Il mourut en union avec toute la chrétienté, remerciant Jésus-Christ de la Rédemption, et s'absorbant dans une communion spirituelle avec Dieu.

Conclusion

La philosophie de Locke et sa méthode en particulier n'ont pas toujours été exactement comprises. Cousin lui reproche de partir de sensations isolées pour s'élever ensuite, par l'association et la généralisation, aux idées complexes et abstraites des adultes. Le reproche tombe à faux. Locke sait très bien que les idées simples existent unies ensemble en diverses combinaisons, mais que l'esprit les considère séparément. Les qualités qui affectent nos sens sont, dans les choses mêmes, tellement unies et mêlées qu'aucune séparation n'est possible entre elles, et il est clair que les idées qu'elles produisent dans l'esprit entrent, par les sens, simples et sans mélange. Les idées simples ainsi perçues comme unies dans le même objet, sont aussi parfaitement distinctes que celles qui entrent par des sens différents, et chacune, en elle-même non composée, ne contient rien qu'une apparence uniforme dans l'esprit et ne peut pas être distinguée en plusieurs idées différentes.

D'après Green, Locke mêlerait deux thèses contradictoires. D'abord, il passerait d'idées sans relations et considérées en soi, aux relations complexes, puis des substances individuelles prises dans toute leur complexité, aux idées simples arbitrairement abstraites. Locke aurait répondu que les sens d'eux-mêmes opèrent une abstraction primordiale, qu'ils nous l'imposent et que, de plus, autre chose est d'avoir des idées, des matériaux du connaître, autre chose est la connaissance proprement dite, laquelle consiste précisément dans la perception de la convenance ou de la disconvenance des idées.

Il serait plus juste apparemment de reprocher à

Locke d'avoir séparé si fortement idée et connaissance, comme s'il y avait là une double opération de nature distincte, voire même opposée : l'une étant absolue, passive, l'autre étant une relation. Locke aurait pu répondre qu'il suivait « l'ordre que la nature s'est prescrit » et qu'il avait proposé une vérité historique des premiers commencements des connaissances humaines. L'inconvénient de la méthode est qu'elle introduit un atomisme psychologique trompeur. La connaissance semble commencer par une réception d' « atomes notionnels » sans lien entre eux.

De là est née l'accusation de *sensualisme*. Condillac ne veut retenir de Locke que la conception de la table rase, il lui reproche l'innéité des facultés. Hamilton l'interprétait de même. Toute idée vient de l'expérience uniquement ; la réflexion n'ajoute rien à la sensation : tout sens se connaît lui-même. Il ne s'agit là que de réceptivité pure. Il n'y a rien de natif ou de nécessaire à l'esprit.

Nous croyons qu'il est faux de faire de Locke un empiriste pur. D'abord, les idées simples de sensation ne sont pas passives exclusivement. Si les qualités secondes le sont, les idées de distance, de moment, d'unité, d'existence (idées simples cependant, et qui toutes sont dites venir de la sensation) ne sont point passivement reçues : elles exigent attention, élaboration, distinction mentale. Les idées de réflexion ne sont pas de purs faits de conscience spontanée : elles exigent une certaine analyse approfondie et dont tout homme ne semble point capable. L'analyse de Locke est donc à la fois psychologique et idéologique : les résultats en sont mêlés de fait réel et d'idée. Locke ne dit-il pas lui-même que toute perception d'un corps est spirituelle, révèle l'âme ? La réflexion est plus qu'un sens empirique ; et la source des idées complexes est l'entendement lui-même, *der Verstand selbst.*

Evidemment, Locke n'admet pas — ce que fait Leibniz — que la pensée soit déjà caractérisée virtuellement dans la connaissance implicite ou confuse, l'âme pensant toujours. Aussi semble-t-il embarrassé pour comprendre le rôle de la mémoire et de l'association des idées. L'idée non plus ne lui vient pas de lois de l'esprit, de conditions logiques de la connaissance : ce que signifiait l'innéisme cartésien et dont approchait toute la science moderne à ses débuts, représentée par Galilée, Hobbes, Newton. La recherche des conditions psychologiques lui suffisait.

Là du moins il aperçoit et il signale — implicitement — le rôle de l'activité mentale. Qu'on remarque bien le changement, latent et voilé, de certaines conceptions de Locke au cours de l'*Essay*. Le nombre est idée simple, puis mode ; la puissance et la cause prennent successivement le rôle d'idée simple, de mode simple ou mixte et de relation. Il y a là une transformation tacite, un approfondissement obscur et inavoué de la pensée de Locke, qui doit être mis en lumière. Le nombre a un élément irréductible, mais il ajoute à l'unité d'être une loi de l'esprit. La causalité, fait original, se transmue en une relation générale imposée de même par l'esprit. Locke se rend très bien compte que toute notion se transforme en relation. Il l'avoue en termes exprès. « J'avoue que la puissance renferme en soi quelque espèce de relation à l'action ou au changement ; et dans le fond, à examiner les choses avec soin, quelle idée avons-nous, de quelque espèce qu'elle soit, qui n'enferme quelque relation ? Nos idées de l'étendue, de la durée et du nombre ne contiennent-elles pas toutes en elles-mêmes un secret rapport des parties ? La même chose se remarque d'une manière encore plus visible dans la figure et le mouvement ; et les qualités sensibles comme les couleurs, les odeurs, etc., que sont-elles ? que des puissances de différents corps par rapport à notre perception, et si on les considère dans les choses mêmes, ne dépendent-elles pas de la grosseur, de la figure, de la contexture et du mouvement des parties, ce qui met une espèce de rapport entre elles ? »

L'idée chez Locke est donc tantôt ce qui est représenté, reçu du dehors, tantôt la relation, ce qui est pensé par l'esprit, qui compare et abstrait. Le voilà loin du sensualisme et tout proche, au contraire, du rationalisme.

Et si Locke fait des qualités sensibles, des images et des copies des objets, n'est-ce pas parce qu'elles sont d'abord des conditions de leur intelligibilité, que les choses sont inimaginables autrement, que ces propriétés sont des grandeurs, et, comme telles, des constructions de l'esprit?

Ce rationalisme idéaliste (nous ne connaissons les objets que par les idées que nous en avons) se révèle surtout par la distinction de la connaissance abstraite par idées pures et de la connaissance du réel. La première seule est certaine, l'autre n'est que probable. Locke subissait ici l'influence des platoniciens de Cambridge, de Glanvill en particulier. La distinction est significative et entraîne une division des sciences.

Il distingue, en effet, trois sortes de sciences : 1° une connaissance des choses (corps et esprits) comme elles sont dans leur propre existence, dans leur constitution, propriétés ou opérations : c'est la physique ou philosophie naturelle ; 2° la pratique ou morale, qui consiste à découvrir les règles et les mesures des actions humaines conduisant au bonheur, et les moyens de mettre ces règles en pratique ; 3° les mathématiques ou connaissance des signes, ou la logique ; ces signes sont des idées ou des mots. « Et peut-être, si l'on considérait distinctement et avec tout le soin possible cette dernière espèce de science qui roule sur les idées et les mots, elle produirait une logique et une critique différentes de celles qu'on a vues jusqu'à présent. » La science se divise donc en φυσική, πρακτική, σημειωτική. En effet, on ne peut considérer que les choses mêmes, ou ses propres actions, ou des signes. Cela fait donc trois grandes « provinces » dans le monde intellectuel, entièrement séparées et distinctes l'une de l'autre. Or, Locke le notait déjà dans son journal en 1681, seule la connaissance générale fondée sur des idées vraies est capable de démonstration ou de certitude : c'est ce qui a lieu en mathématiques et en morale. Quant à la connaissance des êtres réels et des actions de fait, nos idées à leur égard n'étant point parfaites, mais dépendant de l'expérience *(matter of fact)* et de l'histoire, nous devons nous contenter de probabilité et du raisonnement analogique ; aussi, la physique, la politique et la « prudence » ne seront-elles jamais des sciences certaines et démontrées.

Il semble bien que si Locke fût vraiment sensualiste quant à l'origine des idées, il devrait l'être aussi au point de vue de la connaissance. Nos idées nous viennent d'*abord* des choses, mais leur vérité dépend de l'esprit et de l'esprit uniquement. Certitude sensible semble une expression contradictoire. La pensée de Locke apparaît donc comme située entre deux pôles contraires : « c'est d'abord la primauté de la sensation, source commune du plus grand nombre de nos idées ; c'est, à l'autre extrémité, l'hégémonie de la raison, organe de démonstration logique, suprême garantie de ces hautes vérités dont la révélation a confirmé quelques-unes à coup de miracles. Sur les matériaux issus de cette double origine s'exerce l'activité de l'esprit qui, lui, n'est assurément pas né de la sensation. » (G. Lyon.) Au réalisme psychologique, au dogmatisme des idées, s'oppose en Locke, sinon un idéalisme métaphysique, au moins un relationisme, en qui s'annonce la critique moderne.

Aussi la position de Locke par rapport au problème de la substance se révèle-t-elle embarrassée, ambiguë.

D'un côté, il affirme résolument que l'idée de substance est vaine, inutile et encombrante. Elle ne vient ni par les sens ni par la réflexion, comme les autres idées. La substance, c'est la tortue ou l'éléphant du philosophe indien qui croit tout porter et ne porte rien. Et cependant, la substance existe : il y a, il doit y avoir un élément de soutien et d'union des qualités et des forces. Locke détruit le concept et maintient la chose. Phénoméniste du point de la connaissance, il est substantialiste du point de vue de l'être. Il n'a pas vu que la substantialité est avant tout un *grundsatz*, une loi de l'esprit. Toutefois sa critique devait être continuée par Berkeley, le négateur de la matière et par Hume, le père du phénoménisme. Berkeley garde la substance spirituelle, Hume supprime toute substance. Locke demeure donc le critique du concept de substance, comme Hume est le critique du concept de causalité. *Locke bleibt der Kritiker des Substanzbegriffes, wie Hume der Kritiker des Begriffs der Kausalität ist.* (Riehl.)

En effet, Locke maintient le concept de cause. Mais sa doctrine présente quelques particularités, non précisées toutefois. La causalité, la puissance est jugée par le changement dans nos idées, non en elle-même ; elle produit les troisièmes qualités. Idée simple, elle devient finalement relation, c'est-à-dire qu'après avoir été donnée, reçue, elle est conclue, puis généralisée. « La plupart des dénominations fondées sur le temps sont de pures relations. » Ceci ne fait-il pas présager Kant et son *grundsatz* de la causalité ? Il semble que le propre et la caractéristique de la pensée de Locke est de passer *de plano* de l'élément de sensation ou de réflexion (idée simple) à l'idée élaborée, au concept pur, à la relation universelle. Ainsi a-t-il fait des idées de temps, d'espace, de nombre : les éléments distance, moment, unité (en germe dans la sensation et la réflexion) deviennent l'infini, c'est-à-dire l'inquantifiable. C'est la même tournure d'esprit qui empêche Locke de critiquer la notion d'existence, supposée la même partout (critique que Berkeley exigera), et de critiquer la valeur et la portée du principe de causalité. Locke est, dans le fond, dogmatique, puisque le propre du dogmatisme est de conclure immédiatement de l'idée à la chose. S'il commence le criticisme, c'est précisément dans le domaine particulier où l'idée manque. Nous concevons Dieu, nous ne concevons pas la substance. Mais Locke est rien moins qu'un sensualiste, sa philosophie est l'empirisme critique, *Kritischer Empirismus*.

Dès le début, Locke eut un très grand succès. Il enthousiasma Voltaire; Condorcet date de lui le commencement du progrès; il tomba ensuite dans un demi-oubli et fut violemment pris à partie par de Maistre. Ce qui est certain, c'est que Berkeley et Hume sont inexplicables sans lui, et que si Kant fut réveillé par ce dernier de son sommeil dogmatique, l'influence doit en remonter jusqu'à Locke, dont le nom est inséparable de celui de Leibniz. Il ne fut pas toujours exactement compris. Condillac, Cousin, Hamilton voient en lui le sensualiste radical, le partisan de la table rase (c'est-à-dire sans idées innées). Dugald-Stewart, Leslie Stephen, Kuno Fischer reconnaissent que l'entendement joue chez lui un rôle supra-empirique. Riehl, enfin, révèle l'élément critique, la tendance idéaliste latente.

En Angleterre même, du vivant de l'auteur, l'*Essay* fut bientôt populaire. Dublin et Oxford l'accueillent avec faveur. Norris, malebranchien, le discute dans des *Cursory reflections* (1690). Molyneux lui demande un abrégé didactique pour les écoles, lui fait transformer les chapitres de la puissance et de l'identité personnelles. Lee, partisan du sens commun, l'attaque en 1702. Oxford enfin le condamne et en défend la lecture aux étudiants, pendant que, sur le continent, il devient le modèle de la philosophie anglaise. En effet, il lui avait donné, dit Campbell Fraser, « *its grundwork and its method,* son objet et sa méthode ». Nous conclurons avec M. Georges Lyon que « nul ouvrage de haute philosophie, si ce n'est la *Critique de la raison pure,* n'a exercé une influence ni plus étendue ni plus durable ».

Table des Matières

	Pages.
Préface...	3
Vie et ouvrages.....................	5
Théorie de la connaissance.........................	8
I. — Les idées..................................	9
1° Idées innées.............................	10
2° Idées simples............................	13
3° Idées complexes..........................	19
i. Modes................................	20
ii. Substances..........................	30
iii. Relations...........................	31
II. — La connaissance...........................	34
1° Connaissance intuitive...................	34
2° — démonstrative...............	36
3° — sensitive...................	40
La pratique morale................................	53
La pédagogie.....................................	57
Théories politiques...............................	60
La connaissance religieuse........................	64
Conclusion...	71

www.ingramcontent.com/pod-product-compliance
Lightning Source LLC
LaVergne TN
LVHW021004090426
835512LV00009B/2065